# N. Sannikov

# CONFERENCE TERMINOLOGY

Moscow, 1996

Санников Н.Г.

# CONFERENCE TERMINOLOGY

Англо-русский
глоссарий-справочник
по процедурной терминологии
и праву международных договоров

Москва, 1996

**Рецензент:** Главный научный сотрудник Института языкознания РАН, д.ф.н., проф. Швейцер А.Д.

Санников Никита Григорьевич, доцент ФПКП, ведет переводческо-терминологические семинары "Международное публичное право", "Право международной торговли", "Правовые основы бизнеса (англо-американская система)". До этого 30 лет проработал старшим редактором и преподавателем на курсах переводчиков ООН в Москве.

ISBN 5-86095-052-7

© Санников Н.Г., 1996
© Московский государственный лингвистический университет, 1996
© Издательство "Остожье", 1996

# A

**abeyance**

| | |
|---|---|
| keep (leave) the matter in * | оставлять вопрос открытым, откладывать решение вопроса |
| question in * | нерешенный вопрос |

**absolute majority** — абсолютное большинство (см. majority)

**abstain**

| | |
|---|---|
| to * from voting (in the vote) | воздерживаться от голосования |
| to * on a draft resolution | воздерживаться при голосовании проекта резолюции |
| *ing countries are counted as not voting | воздержавшиеся страны считаются не принимавшими участия в голосовании |

**abstentions** — воздержавшиеся, число воздержавшихся от голосования

**accede** — соглашаться, уступать; присоединяться (к договору); вступать (в должность)

## *accession to treaties (conventions)*

To accede to a multilateral convention is to become a party to it after the convention has been closed for signature or has already entered into force. The possibility of acceding to a convention is usually provided for in the text of the convention itself; these are the so-called "open" conventions. Accession as one of the means of expressing the consent of a State to be bound by the treaty is subject to ratification by a legislative organ or to approval by an executive organ according to the Constitution of the State concerned. The instrument of accession is to be deposited with the depositary.

## присоединение к международным договорам (конвенциям)

Присоединиться к многосторонней конвенции значит стать ее участником после того, как конвенция закрыта для подписания или уже вступила в силу. Возможность присоединения к конвенции обычно предусматривается в тексте самой конвенции; это так называемые "открытые" конвенции. Присоединение как одно из средств выражения согласия государства на обязательность международного договора подлежит ратификации законодательным органом или утверждению исполнительным органом согласно конституции соответствующего государства. Документ о присоединении сдается на хранение депозитарию (депонируется у депозитария).

## **accept**

to * as valid and binding — признавать действительным и обязательным

to * a situation — мириться с ситуацией

to * obligations — принимать на себя обязательства

to * a decision — принимать решение, соглашаться с решением

Members of the UN agree to * and carry out the decisions of the SC. — Члены Организации соглашаются подчиняться решениям СБ и выполнять их.

mutually *able — взаимоприемлемый

## **acceptance**

to find * — получать, находить признание

*acceptance of treaties*

принятие международных договоров

Acceptance or approval of a treaty perform the functions of ratification but may be effected by an executive power in cases when a treaty by its character need not be ratified. Thus the Soviet Union became a member of UNESCO in 1957 by accepting its constitution. Acceptance or approval is made out in a formal act called an instrument of acceptance or approval in which the State declares that it shall abide by the treaty and which is deposited with a depositary.

Принятие или утверждение договора выполняют функцию ратификации, но могут осуществляться исполнительной властью в тех случаях, когда договор по своему характеру не нуждается в ратификации. Так, Советский Союз стал членом ЮНЕСКО в 1957 году путем принятия ее устава. Принятие или утверждение оформляется в виде официального акта, именуемого документом о принятии или утверждении, в котором государство объявляет, что оно будет соблюдать договор, и который сдается на хранение депозитарию.

**acclamation**

to be elected (adopted) by *

быть избранным (принятым) путем аккламации, т.е. без проведения голосования на основе выражения всеобщего одобрения

**accommodate**

примирять, улаживать; идти навстречу

to * opinions

согласовывать мнения

to * differences

устранять разногласия

to * a dispute

уладить, урегулировать спор

in an *ing spirit

в духе примирения, компромисса

**accommodation**

согласование, примирение; урегулирование (спора)

to come to *

договориться, прийти к компромиссу

**accord**

| | |
|---|---|
| to * precedence | предоставить слово вне очереди (см. precedence) |
| to * the right of reply | предоставить слово в порядке осуществления права на ответ (см. reply, right of) |
| out of * with smth. | вразрез, в противоречии с чем-л. |
| Accord(s) | соглашения; договор |
| **across-the-board** | всеобъемлющий, всесторонний, применимый ко всем случаям |
| * agreement | всеобъемлющее соглашение, договоренность по всем пунктам |
| * measures | всеохватывающие, общие меры |
| **act** | акт, документ; закон, постановление |
| final * (of a conference) | заключительный акт (конференции) |
| constituent * | учредительный акт (документ) |
| * of law | юридический акт |
| made (out) in a formal * | оформленный в виде официального документа |
| to * on (upon) a proposal, recommendation etc. | принимать решение по предложению, рекомендации и т.д. |
| to * for smb. | выполнять чьи-л. функции; замещать; действовать от чьего-л. лица |
| Acting President (Chairman) | исполняющий обязанности Председателя (см. President) |

**action**

to take * on a draft resolution | принять решение (провести голосование) по проекту резолюции

* taken by the GA | решение(я), принятые ГА

* programme | программа действий

to put a plan into * | провести план в жизнь

joint and separate * | совместные и самостоятельные действия

*preventive or enforcement action* | превентивные или принудительные действия (меры)

i.e. action which may be taken only at the decision of the SC. When not involving the use of armed force may include complete or partial interruption of economic relations and of rail, sea, air, postal, telegraphic, radio, and other means of communication, and the severance of diplomatic relations. Should the SC consider that those measures would be inadequate or have proved to be inadequate, it may take such action by air, sea, or land forces as may be necessary to maintain or restore international peace and security. Such action may include demonstrations, blockade, and other operations by air, sea, or land forces of Members of the United Nations. | т.е. действия, которые могут быть приняты только по решению СБ. Когда они не связанны с использованием вооруженных сил, то могут включать полный или частичный перерыв экономических отношений, железнодорожных, морских, воздушных, почтовых, телеграфных, радио или других средств сообщения, а также разрыв дипломатических отношений. Если СБ сочтет, что эти меры могут оказаться недостаточными или уже оказались недостаточными, он уполномочивается предпринимать такие действия воздушными, морскими или сухопутными силами, какие окажутся необходимыми для поддержания или восстановления международного мира и безопасности. Подобные действия могут включать демонстрации, блокаду и другие операции воздушных, морских или сухопутных сил членов Организации (см. также "Uniting for peace" resolution).

**actual**

* wording | существующая (предложенная) формулировка

| | |
|---|---|
| * position of affairs, state of things | фактическое (настоящее, текущее) положение дел |
| **additional** | |
| * ballot | дополнительное голосование (тур голосования) (см. election) |
| * items | новые пункты повестки дня (см. agenda) |
| **address** | выступление, речь (на пленарных заседаниях ГА относится к главам государств и правительств) |
| opening * | вступительное слово |
| to give (deliver) * | произнести речь |
| to * a meeting | выступить на заседании, обратиться к аудитории |
| to * oneself to the Chairman | обратиться к Председателю |
| to * a problem | заняться проблемой, взяться за решение проблемы |
| the proposed project *es all aspects of the problem | предложенный проект касается всех аспектов проблемы |
| **adhere** | |
| to * to a decision | придерживаться решения, выполнять решение |
| to * to a principle | твердо держаться какого-л. принципа, не отступать от ... |
| to * to a party | принадлежать к (быть членом) партии |
| *ad hoc* | на данный случай (лат) |
| * committee | специальный комитет |
| * measures (decisions) | меры (решения), принятые на данный случай; специальные меры. |

on an * basis

**adjourn**

to * the consideration of...

to * *sine die*

The Court *ed until Monday

The committee *ed to a larger hall

*adjournment of the debate*

During the discussion of a matter, any representative may move the adjournment of the debate on the item under discussion. In addition to the proposer of the motion, two representatives may speak in favour of, and two against, the motion, after which the motion is immediately put to the vote.

*adjournment of the meeting*

A motion for the * of the meeting is not debatable but is immediately put to the vote.

на временной основе

отложить, прервать рассмотрение ...

отложить на неопределенный срок; закрыть заседание, не назначив срока следующего

Слушание дела в Суде было отложено до понедельника

Заседания комитета были перенесены в более просторное помещение

перерыв прений

Во время обсуждения какого-л. вопроса любой представитель может внести предложение о перерыве в прениях по обсуждаемому пункту. Кроме лица, внесшего такое предложение, два представителя могут высказаться за предложение и два - против него, после чего предложение немедленно ставится на голосование (ср. closure of the debate)

закрытие заседания [1])

Предложение о закрытии заседания обсуждению не подлежит, а немедленно ставится на голосование (ср. suspension of the meeting).

---

[1]) The difference in translation between adjournment of the debate and of the meeting ("прервать" и "закрыть") is due to the fact that although in both cases the basic meaning of the word "to adjourn" is the same (to put off until a later time), when we adjourn the meeting and resume the work, say, in the afternoon or the next day, it will be another meeting with a different serial number. Therefore when the President says "We shall now adjourn until 3 p.m. tomorrow", a possible translation will be: "Сейчас мы закроем заседание и соберемся завтра в 15 часов."

**adjust**

to * differences — устранить разногласия, противоречия

to * preliminaries — договариваться о предварительных условиях

**adjustment**

* of disputes — урегулирование, улаживание споров

to work out an * — выработать условия урегулирования

**admission to membership** — прием в члены

*admission of new members to the United Nations* — прием новых членов в Организацию Объединённых Наций

Any State which desires to become a Member of the United Nations shall submit an application to the Secretary - General. Such application shall contain a declaration, that the State in question accepts the obligations contained in the Charter. The Secretary - General shall immediately place the application for membership before the representatives on the SC and shall, for information, send a copy of the application to the GA, or to the Members of the United Nations if the Assembly is not in session. If the Council recommends the applicant State for membership, the GA shall consider whether the applicant is a peace-loving State and is able and willing to carry out the obligations contained in the Charter and shall decide, by a two-thirds majority of the members present and voting, upon its application for membership. The Secretary - General informs the applicant State of the decision of the GA.

Любое государство, которое желает стать членом ООН, подает заявление Генеральному секретарю. Такое заявление должно содержать декларацию о том, что это государство принимает на себя обязательства, предусмотренные Уставом. Генеральный секретарь немедленно направляет заявление о приеме представителям СБ и посылает для сведения копию такого заявления ГА или, если это происходит между сессиями Ассамблеи, членам ООН. Если Совет рекомендует принять в число членов Организации подавшее соответствующее заявление государство, ГА рассматривает вопрос о том, является ли оно миролюбивым государством и может ли и желает ли оно выполнять обязательства, предусмотренные Уставом, и решает большинством в две трети присутствующих и участвующих в голосовании членов Организации вопрос о приеме в Организацию. Генеральный секретарь извещает подавшее заявление государство о решении ГА.

| | |
|---|---|
| If the application is approved, membership becomes effective on the date on which the GA takes its decision on the application. | Если просьба о приеме удовлетворена, то вступление в Организацию становится действительным со дня принятия Ассамблеей решения по данному заявлению. |

**adopt**

| | |
|---|---|
| to * the agenda | утвердить повестку дня |
| to * another course of action | переменить тактику |

*adoption of the text of a treaty* — принятие текста международного договора

| | |
|---|---|
| i.e. voting procedure whereby negotiating States express their agreement with the textual content of the treaty. For a treaty with a limited number of parties the adoption of the text of a treaty takes place by the consent of all the States participating in its drawing up. At an international conference the adoption of the text of a treaty takes place by the vote of two-thirds of the States present and voting, unless by the same majority they decide to apply a different rule. Adoption of the text of a treaty (voting for it) does not in any way bind the State concerned, since it does not constitute a means of expressing consent to be bound by a treaty. | т.е. процедура голосования, посредством которой государства, участвующие в переговорах, выражают свое согласие с текстуальным содержанием договора. Для договора с ограниченным числом участников текст договора принимается по согласию всех государств, участвующих в его составлении. На международной конференции текст договора принимается путем голосования за него двух третей государств, присутствующих и участвующих в голосовании, если тем же большинством голосов они не решили применить иное правило. Принятие текста договора (голосование за него) никоим образом не связывает соответствующее государство, поскольку оно не представляет собой способа выражения согласия на обязательность договора (см. consent) |

**advance**

| | |
|---|---|
| to * a proposal | выдвинуть предложение |
| to * the date scheduled for one's speech | выступить (предоставить слово) раньше намеченного срока |

| | |
|---|---|
| an * copy | предварительно разосланный текст (речи, выступления); сигнальный экземпляр |
| * information | предварительные сведения |
| * in to the position of chairman | выдвижение на должность председателя |
| **adversary** | оппонент, другая сторона (в споре, дискуссии), противная сторона |
| **advisory** | консультативный; совещательный |
| * opinion (ICJ) | консультативное заключение (МС) (см. opinion) |
| * body, committee etc. | консультативный орган, комитет и т.д. |
| in an * capacity | в качестве консультанта |
| **aegis** | |
| under the * | под эгидой (защитой, покровительством, руководством) |
| a conference under the * of the UN | конференция под эгидой (созванная по инициативе) ООН |
| **affirmative** | |
| * vote | голос (голосование) "за" |
| Decisions of the SC on procedural matters are made by an * vote of any nine members. | Решения СБ по вопросам процедуры считаются принятыми, когда за них поданы голоса любых девяти членов Совета. |
| * approach | конструктивный подход |
| **afternoon meeting** | дневное заседание |
| **agenda** | повестка дня |
| approved, adopted * | утвержденная (окончательная) повестка дня |

| | |
|---|---|
| heavy * | перегруженная повестка дня |
| poor (slender, light, meagre) * | ограниченная, малосодержательная, незагруженная повестка дня |
| appear on the * | фигурировать в повестке дня, быть включенным в повестку дня |
| to take off from the * | снять с повестки дня |
| to catch up with the * | своевременно обсудить все пункты повестки дня |

*annotated agenda* — аннотированная повестка дня

Annotated list of agenda items indicates briefly the history of each item, the available documentation, the substance of the matter to be discussed and earlier decisions by UN organs. Such annotated agenda is communicated to Member States well in advance of the opening of a regular session.

Аннотированный перечень пунктов повестки дня включает краткое изложение истории каждого пункта, имеющуюся документацию, существо вопросов, подлежащих обсуждению, и принятые ранее решения органов Организации. Такая аннотированная повестка дня направляется государствам-членам заблаговременно до открытия очередной сессии.

*inclusion of items in the agenda* — включение (внесение) пунктов в повестку дня

Inclusion of items may be proposed by the UN principal organs, by any Member State or by the Secretary - General. All the items thus proposed are included in the provisional agenda and must be accompanied by an explanatory memorandum and, if possible, by basic documents or by a draft resolution.

Предложения о включении пунктов в повестку дня могут выдвигаться главными органами ООН, любым государством-членом или Генеральным секретарем. Все предложенные таким образом пункты включаются в предварительную повестку дня и должны сопровождаться объяснительной запиской и по возможности основными документами или проектом резолюции.

## *provisional agenda* — предварительная повестка дня

In the GA the provisional agenda for a regular session is drawn up by the Secretary - General and communicated to the Members of the United Nations at least sixty days before the opening of the session. At each session the provisional agenda and the supplementary list, together with the report of the General Committee thereon, are submitted to the GA for approval as soon as possible after the opening of the session. The agenda is adopted by a majority of the members present and voting.

В ГА предварительная повестка дня очередной сессии составляется Генеральным секретарем и сообщается членам ООН не менее чем за шестьдесят дней до открытия сессии. На каждой сессии предварительная повестка дня и список дополнительных пунктов вместе с соответствующим докладом Генерального комитета представляются на утверждение в возможно более короткий срок после открытия сессии. Повестка дня утверждается простым большинством присутствующих и участвующих в голосовании членов Организации.

In the SC only matters which have been brought to the attention of the SC under the UN Charter, or items which the SC had previously decided to defer, may be included in the provisional agenda. The provisional agenda for a meeting is communicated to the representatives on the SC three days before the meeting, but in urgent circumstances it may be communicated simultaneously with the notice of the meeting. The first item of the provisional agenda for each meeting of the SC is the adoption of the agenda. The agenda is adopted by an affirmative vote of any nine members.

В СБ в повестку дня могут быть включены только вопросы, которые были доведены до сведения СБ в соответствии с Уставом ООН, или пункты, рассмотрение которых СБ решил отложить. Предварительная повестка дня заседания сообщается представителям в СБ не менее чем за три дня до заседания, но при срочных обстоятельствах она может быть сообщена одновременно с извещением о заседании. Первым пунктом предварительной повестки дня каждого заседания СБ является утверждение повестки дня. Повестка дня утверждается, если за нее проголосовали любые девять членов Совета.

## **agenda item** — пункт повестки дня

**allocation of *s to the Main Committees** — распределение пунктов повестки дня между главными комитетами (см. allocation)

**amendment and deletion of *s** — изменение и исключение пунктов

**staggering of *s over two or more years** — распределение пунктов на два года или несколько лет

## 17

*supplementary agenda items*

The provisional agenda for a regular session is drawn up and communicated to the Members of the United Nations at least sixty days before the opening of the session. However, any Member or principal organ of the United Nations or the Secretary - General may, at least thirty days before the date fixed for the opening of a regular session, request the inclusion of supplementary items in the agenda. Such items are placed on a supplementary list, which is communicated to Members at least twenty days before the opening of the session.

*additional agenda items*

Additional items of an important and urgent character, proposed for inclusion in the agenda less than thirty days before the opening of a regular session or during a regular session, may be placed on the agenda if the GA so decides by a majority of the members present and voting. No additional item may, unless the GA decides otherwise by a two-thirds majority of the members present and voting , be considered until seven days have elapsed since it was placed on the agenda and until a committee has reported upon the question concerned.

**aggregate**

in the *

considered as an *

* membership

ДОПОЛНИТЕЛЬНЫЕ ПУНКТЫ ПОВЕСТКИ ДНЯ

Предварительная повестка дня очередной сессии составляется и сообщается членам Организации не менее чем за шестьдесят дней до открытия сессии. Однако любой член Организации, любой из ее главных органов или Генеральный секретарь могут не менее чем за тридцать дней до даты, назначенной для открытия очередной сессии, потребовать включения в повестку дня дополнительных пунктов. Такие пункты вносятся в дополнительный список, который сообщается членам Организации не менее чем за двадцать дней до назначенной даты открытия сессии.

НОВЫЕ ПУНКТЫ ПОВЕСТКИ ДНЯ

Новые пункты важного и срочного характера, предложенные для включения в повестку дня менее чем за тридцать дней до открытия очередной сессии или во время очередной сессии, могут быть внесены в повестку дня, если ГА решит об этом большинством присутствующих и участвующих в голосовании членов Организации. Никакой новый пункт не может рассматриваться до истечения семи дней после внесения его в повестку дня, если ГА большинством в две трети присутствующих и участвующих в голосовании членов Организации не примет иного решения, и до представления по внесенному вопросу доклада соответствующего комитета.

в совокупности, в целом

рассматриваемый как единое целое

общее число членов

## agree

| | |
|---|---|
| to * on (upon) the terms of settlement | договориться об условиях урегулирования |
| to * the terms of settlement | согласовать (одобрить) условия урегулирования |
| to * with facts, statements | соответствовать (не противоречить) фактам, заявлениям |
| *ed text | согласованный текст |
| principles *ed upon | принципы, по которым достигнута договоренность |

## agreement

| | |
|---|---|
| framework * | рамочное соглашение |
| i.e. agreement setting general guidelines for future relations and consolidating the points already agreed upon. | т.е. соглашение, устанавливающее общие принципы будущих взаимоотношений и отражающее моменты, по которым уже достигнута договоренность. |
| procedural * | соглашение по процедурным вопросам |
| * among the members of the Committee | единство мнений среди членов комитета |
| **alignment of forces** | расстановка сил |

## allocate

| | |
|---|---|
| to * an item to a committee | передать какой-л. вопрос на рассмотрение комитета |

## allocation

| | |
|---|---|
| * of seats within a committee | распределение мест в комитете |

## *allocation of agenda items*

The GA, at the recommendation of the General Committee, at the outset of each session decides on the allocation of agenda items to the Main Committees and also determines what items are to be considered in the plenary without prior reference to a Main Committee. Committees may not introduce new items on their own initiative. Agenda items should be so allocated as to ensure, as far as possible, that the same questions or the same aspects of a question are not considered by more than one Committee. Questions which may be considered as falling within the competence of two or more Committees should preferably be referred to the committee with the lightest agenda. The GA may, where relevant, refer specific items to other UN organs or to specialized agencies, taking into account the nature of the question.

## распределение пунктов повестки дня

ГА, по рекомендации Генерального комитета, принимает в начале каждой сессии решение о распределении пунктов повестки дня между Главными комитетами, а также определяет, какие вопросы подлежат рассмотрению на пленарных заседаниях без предварительной передачи их в какой-либо из Главных комитетов. Комитеты не могут по собственной инициативе вносить новые пункты. Пункты повестки дня должны распределяться с таким расчетом, чтобы обеспечить, насколько это возможно, положение, при котором одни и те же вопросы и одни и те же аспекты вопроса не рассматривались более чем одним Комитетом. Вопросы, которые могут считаться относящимися к компетенции двух или более Комитетов, следует передавать на рассмотрение преимущественно Комитету с наименее загруженной повесткой дня. ГА с учетом характера вопроса может по мере необходимости передавать рассмотрение некоторых пунктов повестки дня в другие органы ООН или в специализированные учреждения.

**alternate**

\* representative

заместитель представителя (см. composition of delegations)

an \* for a member (of a committee, delegation, etc.)

заместитель члена (комитета, делегации и т.д.)

**ambit**

сфера (деятельности, применения), границы, пределы

to fall within the \* of...

попадать под действие; входить в компетенцию

| | |
|---|---|
| **amend** | вносить поправки; исправлять |
| *ed draft resolution (draft resolution as *ed) | проект резолюции с внесёнными в него поправками (поправкой) |
| *ed version | исправленный вариант |
| **amendment** | поправка |
| A motion is considered an amendment to a proposal if it merely adds to, deletes from or revises part of the proposal. | Предложение считается поправкой к другому предложению, если оно добавляет что-либо к нему, исключает что-либо из него или изменяет часть его. |
| consequential * | последующая поправка; поправка, вызванная другой поправкой |
| draft * | проект поправки |
| formal * | редакционная поправка; официальная поправка |
| oral (verbal) * | устная поправка |
| orally revised * | поправка с внесёнными в неё устными изменениями |
| *amendatory (amendment) procedure* | процедура (порядок) представления поправок |
| Amendments are normally submitted in writing and copies of them are circulated to the delegations. As a general rule, no amendment may be discussed or put to the vote at any meeting unless copies of it have been circulated to all delegations not later than the day preceding the meeting. The President (Chairman) may, however, permit the discussion and consideration of amendments, or of motions as to procedure, even though such amendments and motions have not been circulated or have only been circulated the same day. | Поправки обычно представляются в письменной форме и их копии рассылаются делегациям. Как общее правило, ни одна поправка не обсуждается и не ставится на голосование на заседаниях, если она не была сообщена всем делегациям не позднее чем за день до заседания. Председатель может, однако, разрешить обсуждение поправок или предложений по вопросам процедурного характера, даже если такие поправки и предложения не были сообщены делегациям или были сообщены им только в день заседания. |

## voting on amendments

When an amendment is moved to a proposal, the amendment is voted on first. When two or more amendments are moved to a proposal, the GA (a Council, a committee) shall first vote on the amendment furthest removed in substance from the original proposal and then on the amendment next furthest removed therefrom, and so on until all the amendments have been put to the vote. Where, however, the adoption of one amendment necessarily implies the rejection of another amendment, the latter amendment shall not be put to the vote. If one or more amendments are adopted, the amended proposal shall then be voted upon.

## method of amending the UN Charter

Amendments to the UN Charter shall come into force for all Members of the United Nations when they have been adopted by a vote of two thirds of the members of the GA and ratified in accordance with their respective constitutional processes by two thirds of the Members of the United Nations, including all the permanent members of the SC.

## method of amending the rules of procedure of the General Assembly

The rules of procedure of the GA may be amended by a decision of the Assembly, taken by a majority

## голосование по поправкам, голосование поправок

Если к предложению вносится поправка, то она ставится на голосование раньше этого предложения. Если к предложению вносятся две или более поправки, то ГА (Совет, комитет) проводит голосование сначала по поправке, наиболее отличающейся по существу от первоначального предложения, затем по поправке, которая менее отлична от него, и так далее, пока все поправки не будут поставлены на голосование. Однако, если необходимым следствием принятия одной поправки является отклонение другой поправки, последняя поправка не ставится на голосование. Если одна или более поправок приняты, то проводится голосование по измененному таким образом предложению.

## порядок внесения поправок в Устав ООН

Поправки к Уставу ООН вступают в силу для всех членов Организации после того, как они приняты двумя третями голосов членов ГА и ратифицированы, в соответствии с их конституционной процедурой, двумя третями членов Организации, включая всех постоянных членов СБ.

## порядок внесения поправок в правила процедуры Генеральной Ассамблеи

Поправки в правила процедуры ГА могут быть внесены по решению Ассамблеи, принятому

of the members present and voting, after a committee has reported on the proposed amendment. When such a committee considers the legal aspects of a question important, the committee should refer it for legal advice to the Sixth Committee of the GA (the Legal Committee) or propose that the question should be considered by a joint Committee of itself and the Sixth Committee.

большинством присутствующих и участвующих в голосовании членов Организации после того, как какой-либо из комитетов представит доклад о предлагаемой поправке. Когда такой комитет сочтет, что правовые аспекты вопроса имеют важное значение, этот комитет должен передать его в Шестой комитет ГА (Правовой комитет) для получения юридического заключения или предложить, чтобы вопрос был рассмотрен на объединенном заседании Шестого комитета и данного комитета.

## announce

to * a decision

огласить решение

to * the list of speakers

огласить список желающих выступить, список ораторов

to * the list of speakers closed

объявить о прекращении записи ораторов

## appeal

to * against the ruling of the President

опротестовать постановление Председателя

When the President makes a ruling on a point of order, a representative may appeal against such ruling. The appeal is not debatable but immediately is put to the vote and the President's ruling shall stand unless overruled by a majority of the members present and voting.

Когда Председатель выносит постановление по порядку ведения заседания, любой представитель может опротестовать такое постановление. Протест обсуждению не подлежит и немедленно ставится на голосование. Постановление Председателя остается в силе, если оно не будет отклонено большинством присутствующих и участвующих в голосовании членов.

## appear

to * before the Committee

выступать в Комитете; присутствовать в Комитете

to * before the Court

предстать перед судом, явиться в суд

| | |
|---|---|
| States entitled to \* before the ICJ | государства, имеющие доступ к МС |
| to \* in a document | содержаться в документе |
| to \* in the list of speakers | фигурировать (значиться) в списке ораторов |
| to \* on the agenda | быть включенным в повестку дня |

## applicant

| | |
|---|---|
| an \* for the position | претендент на должность |
| \* State | государство, подавшее заявление о приеме в члены (организации) |

## application

| | |
|---|---|
| \* for membership | заявление о приеме в члены (см. admission) |
| to refuse an \* | отказать в просьбе |

*provisional application of treaties* — временное применение международных договоров

A treaty or a part of a treaty may be applied provisionally pending its entry into force if the treaty itself so provides, or if the negotiating States have in some other manner so agreed.

Договор или часть договора могут применяться временно до вступления договора в силу, если это предусматривается самим договором или если участвовавшие в переговорах государства договорились об этом каким-либо иным образом.

## appoint

| | |
|---|---|
| to \* to a post | назначить на должность |
| to \* a committee | создать комитет |
| to \* a day for the meeting | назначить день проведения заседания |
| appointive office | невыборный пост; пост, занимаемый по назначению |

*appointment of the Secretary-General* — назначение Генерального секретаря

| | |
|---|---|
| The Secretary - General as the chief administrative officer of the UN is appointed by the GA upon the recommendation of the SC. When the Council has submitted its recommendation, the GA considers the recommendation and votes upon it by secret ballot in private meeting.The Secretary - General is appointed for a term of five years and is eligible for re-election. | Генеральный секретарь в качестве главного административного должностного лица ООН назначается ГА по рекомендации СБ. После представления Советом своей рекомендации ГА на закрытом заседании рассматривает эту рекомендацию и проводит по ней тайное голосование. Генеральный секретарь назначается на пятилетний срок и может быть переизбран. |

**appropriate**

| | |
|---|---|
| * procedure | уместная, надлежащая, соответствующая процедура |
| * to the theme under discussion | соответствующий обсуждаемой теме |

**approval**

| | |
|---|---|
| * of the agenda | утверждение повестки дня |
| * of a draft resolution | принятие проекта резолюции |
| to receive (merit) * | получать (заслуживать) одобрение |
| * of treaties | утверждение международных договоров (см. acceptance) |

**area**

| | |
|---|---|
| * of agreement | область согласия |
| wide * of agreement | широкий круг вопросов, по которым достигнуто согласие (договоренность) |

**argue**

| | |
|---|---|
| to * against (in favour) of smth. | приводить доводы против (в пользу) чего-л. |
| to * into (out of) smth. | (раз)убедить в чем-л. |
| to * round and round the subject | говорить не по существу, ходить вокруг да около |

| | |
|---|---|
| to * in circle | впадать в порочный круг |
| **arrangement** | |
| * of conflicts | урегулирование конфликтов |
| to come to an * | прийти к соглашению, договориться |
| to make *s for | принимать меры |
| constitutional * | конституционное устройство |
| security *s | меры по обеспечению безопасности |
| **article** | |
| final *s (of a convention) | заключительные статьи (конвенции) |
| i.e. articles setting forth the procedure of signing the treaty, its ratification, accession to it, entry into force etc. | т.е. статьи, излагающие порядок подписания договора, его ратификацию, присоединение к нему, вступление в силу и т.д. |
| * by * discussion, voting | постатейное обсуждение, голосование |
| **attendance** | |
| * list | список присутствующих |
| to circulate on * list | попросить присутствующих расписаться |
| **auspices** | |
| under the * | под эгидой, под покровительством, при содействии |
| a conference under the * of the UN | конференция, созванная по инициативе ООН |
| under the * of the cultural exchange programme | в рамках программы культурного обмена |

**authentic**

\* representative — подлинный представитель

\* text — аутентичный текст, т.е. подлинный, имеющий юридическую силу

When a treaty is drawn up in two or more languages, it is usually stated in its final articles that texts in all the languages are equally authentic, i.e. equally authoritative in each language. — Когда международный договор составляется на двух или нескольких языках, в его заключительных статьях обычно указывается, что тексты на всех языках являются одинаково аутентичными, то есть имеют одинаковую силу на каждом языке.

*authentication of the text of a treaty* — установление аутентичности текста международного договора

The text of a treaty is established as authentic and definitive by such procedure as may be provided for in the text or agreed upon by the States participating in its drawing up or failing such procedure, by the signature, signature ad referendum or initialling by the representatives of those States of the text of the treaty or of the Final Act of a conference incorporating the text. — Текст договора становится аутентичным и окончательным в результате применения такой процедуры, какая может быть предусмотрена в самом тексте или согласована между государствами, участвующими в его составлении, или при отсутствии такой процедуры - путем подписания, подписания ad referendum или парафирования представителями этих государств текста договора или заключительного акта конференции, содержащего этот текст.

# B

**back**

to \* (up) a draft resolution, decision — поддержать проект резолюции, решение

to \* an argument with proof — подкреплять аргументацию доказательствами

to have a large \*ing — иметь много сторонников, пользоваться широкой поддержкой

**back-burner**

| | |
|---|---|
| to put on a * | отодвинуть на задний план, отложить (рассмотрение вопроса) на более позднее время |
| a * issue | второстепенный, мелкий вопрос |

**background**

| | |
|---|---|
| the * of a problem | история, подоплека вопроса |
| the question has fallen into the * | вопрос утратил остроту |

**balance**

| | |
|---|---|
| *ed draft resolution | сбалансированный проект резолюции |
| i.e. a draft reflecting various points of view | т.е. проект, отражающий различные точки зрения (ср. unbalanced) |
| *ed judgement | продуманное суждение (решение) |
| a delicate * of a draft | с трудом достигнутое равновесие (сбалансированность) проекта |
| * of voting | соотношение сил в процессе голосования |

**ballot**

| | |
|---|---|
| secret * | тайное голосование |
| all elections are held by secret ballot | все выборы проводятся путем тайного голосования |
| *ing procedure | процедура баллотировки, тайного голосования (см. election) |
| * box | избирательная урна |
| * paper | избирательный бюллетень |

| | |
|---|---|
| (in)valid * papers (ballots) | избирательные бюллетени, признанные (не)действительными |
| inconclusive * | голосование, которое не дает требуемых результатов, безрезультатное голосование (см. election) |
| (un)restricted * | голосование, (не)ограниченное числом кандидатов; (не)ограниченное голосование |
| first (second etc.) * | первый (второй и т.д.) тур голосования |
| to place on the * | включить в список для голосования |
| *-rigging | подтасовка результатов голосования |
| **bind** | связывать (договором, обязательством), обязывать |
| consent to be bound by a treaty | согласие на обязательность международного договора (см. consent) |
| **binding** | обязательный, имеющий обязательную силу |
| in a * form | в форме обязательств |
| * obligations | обязательства, имеющие юридическую силу |
| treaties *ing upon signature | договоры, становящиеся обязательными (вступающие в силу) сразу после подписания |
| to have (to give) * force | иметь (придавать) обязательную силу |
| Resolutions of the GA, unlike decisions of the SC, have no * force for Governments. | Резолюции ГА в отличие от решений СБ не имеют обязательной силы для правительств. |

**Board of Governors**

(an executive arm or a policy-making body of such specialized agencies as IAEA, IMF, World Bank)

Совет управляющих

(исполнительный или директивный орган таких специализированных учреждений как МАГАТЭ, МВФ, Всемирный банк)

**body**

advisory, subsidiary, deliberative *

консультативный, вспомогательный, совещательный орган

diplomatic *

дипломатический корпус

governing *

руководящий орган; административный совет

elective *

выборный орган; контингент избирателей, электорат

The ICJ is composed of a * of independent judges

МС состоит из коллегии независимых судей

policy-making *

директивный орган

parent *

вышестоящий орган

* of rules (of principles)

комплекс, свод, совокупность норм (принципов)

* of a convention

основная часть конвенции

(as distinguished from preambular and introductory articles)

(в отличие от статей преамбулы и вступительной части)

* of a hall

основная часть зала, отведенная для делегатов

**breach**

* of treaty obligations

нарушение договорных обязательств

* of order

нарушение регламента

| | |
|---|---|
| a party in * | сторона, нарушившая договор |
| material * of a treaty | существенное нарушение договора |
| A material * of a treaty consists in a repudiation of the treaty not sanctioned by international law or in the violation of a provision essential to the accomplishment of the object or purpose of the treaty. | Существенное нарушение договора состоит в отказе от договора, который не допускается международным правом, или в нарушении положения, имеющего основополагающее значение для реализации объекта и целей договора. |

**break through**

| | |
|---|---|
| to achieve a * in the negotiations | добиться успеха (сдвига) в переговорах |

**bring**

| | |
|---|---|
| to * a matter to (before) the Council | представить (внести) вопрос на рассмотрение Совета |
| to * up a question (point, problem) | поднимать вопрос, проблему |
| to * forward a draft resolution | выдвинуть проект резолюции |
| to * together different views | сблизить различные точки зрения |

**bureau**

| | |
|---|---|
| * of the Committee | Президиум комитета |
| members of the * | члены Президиума |

**business**

| | |
|---|---|
| * of the day (of the meeting) | повестка дня заседания |
| to dispose with the * of the day | завершить рассмотрение повестки дня |
| (any) other * | "разное" (в повестке дня) |
| conduct of * | порядок ведения дел (заседаний) |

| | |
|---|---|
| speedy dispatch of * (ICJ) | ускоренное разрешение дел (МС) |
| **by-elections** | дополнительные выборы (см. election) |

# C

| | |
|---|---|
| calendar of conferences (meetings) | расписание конференций (заседаний) |
| **call** | |
| to * a meeting, session | созвать заседание, сессию |
| to issue a * for a meeting to be held | разослать извещения о намеченном заседании |
| to * back a representative | отозвать представителя |
| the occasion *s for quick action | ситуация требует немедленных действий (решений) |
| to * forth reservations | вызывать оговорки |
| proposal *ing forth strong opposition | предложение, вызывающее решительное противодействие |
| to * in (into) question | ставить под сомнение |
| to * off a meeting | отменить заседание |
| to * upon | предоставлять слово |
| the speakers are *ed upon in the order in which they signified their desire to speak | ораторам предоставляется слово в том порядке, в каком они записались для выступления |
| to speak without being *ed upon | высказываться без предоставления слова |
| to * to order | (см. order) |

**cancel**

| | |
|---|---|
| to * a vote | объявить голосование недействительным |
| to * a meeting | отменить заседание |
| positions which * each other | взаимоисключающие позиции |

cancellation of a treaty — аннулирование договора

i.e. termination of a bilateral treaty not provided for in the treaty itself and effected by a unilateral act. There must exist compelling political and legal reasons for cancelling a treaty (e.g. a material breach of the treaty by the other party, its invalidity, conflict with a peremptory norm of international law etc.). Cancellation takes place in accordance with practice established in international law (timely notification of the other party in written form etc.)

то есть прекращение двустороннего договора, не предусмотренное в самом договоре и осуществляемое в одностороннем порядке. Аннулирование договора должно быть обусловлено вескими политико-правовыми основаниями (напр., существенное нарушение договора другим участником, его недействительность, несоответствие императивной норме международного права и т.д.). Аннулирование осуществляется в соответствии с установившейся в международном праве практикой (заблаговременное уведомление другого участника в письменной форме и т.д.) (ср. denunciation)

**capacity**

contractual * — договорная правоспособность

Every State possesses capacity to conclude treaties.

Каждое государство обладает правоспособностью заключать международные договоры.

procedural * — процессуальная правоспособность

Only States possess full procedural capacity before the ICJ.

Только государства обладают полной процессуальной правоспособностью в МС.

in personal (individual) * — в личном качестве, как частное лицо

in representative * | в качестве представителя (государства, организации и т.д.)

Members of the International Law Commission serve in their individual capacities as persons of recognized competence in international law, but when appearing before the Sixth Committee of the GA they act in their representative capacities. | Члены Комиссии международного права выступают в личном качестве как признанные авторитеты в области международного права, но когда они делают заявления в Шестом комитете ГА, то выступают в качестве представителей своих государств.

**carry**

to * a motion | принять предложение

the resolution was *ed by a large majority | резолюция была принята значительным большинством

to * the day | одержать победу

**cast**

to * as a formal motion | внести в качестве официального предложения

to * a vote | голосовать, участвовать в голосовании

to * an affirmative (negative, dissenting) vote | проголосовать за (против)

*ing vote | решающий голос (см. voting )

**chair**

to take the * | стать председателем, занять председательское место

to resume the * | вновь занять председательское место

to put into the * | избрать в качестве председателя

to address the * | обратиться к председателю

a ruling of the * | постановление председателя

| | |
|---|---|
| the Council *ed by... | Совет под председательством... |
| **Chairman** | Председатель (главных и сессионных комитетов, вспомогательных органов) (ср. President) |
| Acting * | исполняющий обязанности Председателя |
| Temporary (Interim) * | временный Председатель |
| Vice-* | заместитель Председателя |
| * of the delegation | глава делегации |
| chairmanship | должность председателя, председательство |
| under the * of | под председательством... |

| | |
|---|---|
| **challenge** | |
| to * the ruling of the Chairman | оспаривать постановление Председателя (см. appeal) |
| to * the results of voting | требовать признания недействительными (оспаривать) результаты голосования |
| to meet the * | оказаться на высоте, справиться с трудной задачей |
| new *es facing the UN | новые (острые) проблемы, стоящие перед ООН |

| | |
|---|---|
| **channel** | |
| through the usual *s | из обычных источников, обычным путем |
| *s of information | источники, каналы информации |
| aid must be *ed through UN agencies | помощь должна оказываться через учреждения ООН |

**charge**

| | |
|---|---|
| to be in * of | ведать, руководить |
| to have overall * of | осуществлять общее руководство |
| to * smb. with an important mission | поручать (возлагать на кого-л.) важную миссию |
| to * with individual responsibility | возлагать личную ответственность |

**chief delegate** — глава делегации

**circulate**

| | |
|---|---|
| to * an advance copy of the speech | распространить (разослать) заранее подготовленный текст выступления |
| *ed as a document of the GA | распространенный в качестве документа ГА |

**cite**

| | |
|---|---|
| to * a precedent | ссылаться на прецедент |
| to * circumstances | излагать обстоятельства |
| to * a passage | процитировать отрывок, привести цитату |
| the facts just *ed | вышеизложенные факты |

**clash**

| | |
|---|---|
| * of interests | столкновение интересов |
| * of opinions | расхождение во взглядах |
| one statement *es with another | одно заявление противоречит другому |

**clause** — статья, пункт, постановление, клаузула

| | |
|---|---|
| enacting *s | постановляющие статьи (конвенции) |
| final *s | заключительные статьи (см. final articles) |

| | |
|---|---|
| formal *s | формально-процедурные статьи |
| optional * | факультативная клаузула |
| reserve (saving) * | клаузула (статья), содержащая оговорки |
| * by * voting | постатейное голосование |
| **clear-cut** | |
| * policy | четкая политическая линия, определенный политический курс |
| * amendment | четко (ясно) сформулированная поправка |
| **close** | |
| to * the debate | прекратить прения |
| to * the door to (negotiations etc.) | отрезать путь к (переговорам и т.д.) |
| to * the gap | устранить расхождения, ликвидировать разрыв, восполнить пробел |
| to * the list of speakers | прекратить запись ораторов (см. list of speakers) |
| to * the ranks | сплотиться, объединиться |
| a * vote | почти „равное число голосов "за" и "против" |
| a *ed issue | исчерпанный, снятый, решенный вопрос |
| a *ed-door meeting | заседание, проходящее без представителей прессы и посторонней публики; заседание при "закрытых дверях" |
| *ing of the session | закрытие сессии |
| *ing date of the session | дата закрытия сессии |

| | |
|---|---|
| *ing days of the session | последние (заключительные) дни сессии |
| *ing meeting | заключительное заседание |
| *ing speech | заключительное слово |
| closure of the debate | прекращение прений (ср. adjournment) |
| A representative may at any time move the closure of the debate on the item under discussion, whether or not any other representative has signified his wish to speak. Permission to speak on the closure of the debate is accorded only to two speakers opposing the closure, after which the motion is immediately put to the vote. If the GA is in favour of the closure, the President declares the closure of the debate. | Любой представитель может в любое время внести предложение о прекращении прений по обсуждаемому пункту независимо от того, выразил ли какой-либо другой представитель желание выступить. Разрешение высказаться относительно прекращения прений предоставляется только двум ораторам, возражающим против прекращения прений, после чего предложение немедленно ставится на голосование. Если ГА одобряет это предложение, Председатель объявляет о прекращении прений. |

**command**

| | |
|---|---|
| to * general acceptance | получить общее признание |
| to * the widest possible support | пользоваться самой широкой поддержкой |

**commission**

| | |
|---|---|
| conciliation * | согласительная комиссия |
| * of inquiry | комиссия по расследованию (изучению) |
| to sit on a * | заседать в комиссии, быть членом комиссии |
| to act within one's * | действовать в пределах полномочий |

| | |
|---|---|
| to go beyond one's * | превысить полномочия |
| commissioner | специальный уполномоченный, комиссар; член комиссии |

**commitment**

| | |
|---|---|
| treaty *s | договорные обязательства |
| political *s | политические убеждения (взгляды) |
| to meet *s | выполнять обязательства |
| to make no *s | не связывать себя обязательствами |

**committee**

| | |
|---|---|
| *ad hoc* * | специальный комитет |
| executive (preparatory, standing) * | исполнительный (подготовительный, постоянный) комитет |
| interim * | временный, межсессионный комитет |
| * of the whole | комитет полного состава |
| i.e. a committee in which all the members of an organization or of a conference may be represented. | т.е. комитет, в котором могут быть представлены все члены организации или конференции. |
| credentials * | комитет по проверке полномочий (см. credentials) |
| * hall | зал заседаний комитета |

| | |
|---|---|
| **competence** | компетенция, круг ведения, полномочия |

| | |
|---|---|
| to go beyond the * | выходить за рамки компетенции (полномочий) |

The text of any proposal or a draft resolution should not go beyond the competence of the committee in which it is submitted. Where, however, it is suggested that a draft resolution does so, it is up to the committee concerned to take a decision in the matter. Any motion calling for a decision on the competence of the committee to adopt a proposal submitted to it is put to the vote before a vote is taken on the proposal in question.

Текст любого предложения или проекта резолюции не должен выходить за рамки компетенции рассматривающего его Комитета. Тем не менее, в случае, если будет сочтено, что проект выходит за рамки компетенции соответствующего комитета, именно этому комитету надлежит принять соответствующее решение. Любое предложение, требующее решения вопроса о компетенции комитета принять какое-либо представленное предложение, ставится на голосование до проведения голосования по последнему.

| | |
|---|---|
| conflicts of * | коллизия полномочий |
| to fall within the * of... | относиться к компетенции |

Question which may be considered as falling within the competence of two or more committees should preferably be referred to the committee with the lightest agenda.

Вопросы, которые могут считаться относящимися к компетенции двух или более комитетов, следует передавать на рассмотрение преимущественно комитету с наименее загруженной повесткой дня.

| | |
|---|---|
| complementary draft resolutions, paragraphs etc. | взаимно дополняющие проекты резолюции, пункты и т.д. |
| complimentary speech | приветственная речь |
| **comply** | |
| to * with a resolution | выполнять, соблюдать резолюцию |
| to * with the rules | подчиняться правилам, действовать согласно правилам |
| to * with requirements | отвечать (соответствовать) требованиям |
| **compose** | улаживать, урегулировать (разногласия, спор) |

## composition of the UN principal organs

## состав главных органов ООН

### Composition of delegations to the General Assembly

### состав делегаций в Генеральной Ассамблее

The delegation of a Member-State consists of not more than five representatives and five alternate representatives and as many advisers, technical advisers, experts and persons of similar status as may be required by the delegation. An alternate representative may act as a representative upon designation by the chairman of the delegation.

Делегация государства-члена Организации состоит не более чем из пяти представителей и пяти заместителей и из необходимого для делегации числа советников, технических советников, экспертов и лиц, занимающих подобное положение. Заместитель представителя может исполнять обязанности представителя по назначению главы делегации.

### Composition of the Security Council

### состав Совета Безопасности

The Council has 15 members: five permanent members (China, France, Russian Federation, the United Kingdom and the United States) and ten non-permanent members to be elected by the GA for a period of two years. A retiring (outgoing) non-permanent member is not eligible for immediate re-election.

Совет состоит из 15 членов: пяти постоянных членов (Китай, Российская Федерация, Соединенное Королевство, Соединенные Штаты и Франция) и десяти непостоянных членов, которые избираются Ассамблеей на двухлетний срок. Выбывающий непостоянный член Совета не подлежит немедленному переизбранию. (см. также elections, annual)

### Composition of the Economic and Social Council

### состав Экономического и Социального Совета

The Council consists of 54 members elected for a three - year term. Annually the GA elects 18 members of the Council to replace those whose term of office expires. Outgoing members of the Council are eligible for re-election.

Совет состоит из 54 членов, избираемых на трехлетний срок. Ежегодно ГА избирает 18 членов Совета для замены тех, срок пребывания которых в Совете истекает. Выбывающие члены Совета имеют право на переизбрание.

## Composition of the Trusteeship Council

Under the Charter, the total number of members of the Trusteeship Council is to be equally divided between those members which administer Trust Territories and those which do not, a parity which is not currently maintained. As the number of administering countries has decreased, so too has the size of the Council. There are now only five members: the United States (administering State) and the other permanent members of the SC.

## Composition of the International Court of Justice

The Court consists of fifteen members, no two of whom may be nationals of the same state. The members of the Court are elected for nine years and may be reelected.

## состав Совета по Опеке

Согласно Уставу, общее число членов Совета по Опеке распределяется поровну между членами Организации, управляющими и не управляющими подопечными территориями. Это равенство в настоящее время не соблюдается. Поскольку число управляющих стран сократилось, уменьшилось и число членов Совета. В настоящее время в Совет входят только пять членов: Соединенные Штаты (управляющее государство) и другие постоянные члены СБ.

## состав Международного Суда

Суд состоит из пятнадцати членов, причем в его составе не может быть двух граждан одного и того же государства. Члены Суда избираются на девять лет и могут быть переизбраны (см. elections).

**comprehensive**

* draft resolution — всеобъемлющий проект резолюции

* report — исчерпывающий, обширный доклад (отчет)

* programme — комплексная программа

* review of a question — всестороннее рассмотрение вопроса

**compulsory**

* measures — принудительные меры

* jurisdiction (ICJ) — обязательная юрисдикция (МС)

**concede**

to * a point (in a argument) — согласиться с каким-л. положением, уступить (в споре)

| | |
|---|---|
| to * to the majority | согласиться с мнением большинства |
| **concert** | |
| to act in * | действовать совместно, во взаимодействии |
| *ed action | согласованные действия (решения) |
| *ed efforts | скоординированные, целенаправленные усилия |
| **concession** | |
| * to public opinion | уступка общественному мнению |
| to make *s | идти на уступки, уступать |
| by mutual *s | путем взаимных уступок |
| **conciliate** | |
| to * parties to a dispute | примирить стороны в споре |
| to * differences | сгладить противоречия, согласовать различные точки зрения |
| to * the two drafts | устранить расхождения между двумя проектами, сблизить (согласовать) оба проекта |
| **conciliation** | |
| * of disputes | согласительное урегулирование споров |
| rules of * | согласительный регламент |
| **conciliator** | член согласительной комиссии, (мировой) посредник |
| chief * | председательствующий посредник |

**conciliatory**

| | |
|---|---|
| * attitude | примирительная позиция |
| in a * spirit | в духе примирения, компромисса |
| * mission | согласительная миссия, миссия по примирению |

**conclude**

| | |
|---|---|
| to * a sitting (meeting) | завершить, закрыть заседание |
| *ing remarks | заключительное слово |
| conclusive | заключительный, окончательный |
| * evidence | неопровержимые доказательства |

**concurrence**

| | |
|---|---|
| * of ideas (opinions) | совпадение идей (мнений) |
| * of actions | согласованность действий |

**concurrent**

| | |
|---|---|
| * debates | прения, проводимые одновременно в нескольких органах; прения одновременно по нескольким пунктам повестки дня |
| * views | единая (совпадающая) точка зрения |
| to meet (to sit) *ly | заседать одновременно, проводить параллельные заседания |
| concurring votes | совпадающие голоса (см. voting in the SC) |

**conduct**

| | |
|---|---|
| * of business | порядок ведения заседаний (дел) |

| | |
|---|---|
| * of negotiations | ведение, проведение переговоров |
| to * (to escort) a delegation to its seat in the GA hall | проводить делегацию к её месту в зале заседаний ГА |

**conference** — конференция, совещание, обмен мнениями

| | |
|---|---|
| Heads-of-Governments * | совещание глав правительств |
| * facilities | средства обслуживания конференций, помещения для проведения конференций |
| * hall | зал заседаний |
| * room paper | рабочий документ (для заседаний) |

**confidence**

| | |
|---|---|
| a vote of * | вотум доверия |
| in strict * | строго конфиденциально |

**conflict**

| | |
|---|---|
| * of interests | столкновение интересов |
| * of laws | коллизия законов |
| *ing parties | стороны в споре |

**confuse**

| | |
|---|---|
| to * an issue | запутать (внести путаницу в) вопрос |
| *ed statement | сбивчивое заявление |
| *ed article | запутанная статья |

## congratulations

Under the current practice of the plenary Assembly congratulations to the President are confined to brief remarks included in the speeches made during the general debate. Congratulations to the officers of a Main Committee are not to be expressed except by the Chairman of the previous session after all the officers of the Committee have been elected.

## consensus

* procedure

In a procedural sense of the word consensus means absence of formal objections. Thus "to work on the basis of consensus" is to proceed with discussion until general agreement is reached without putting a matter to the vote (e.g. GATT decisions are normally arrived at by * and not by voting).

## consent

by common *

by mutual *

an express *

tacit (implied) *

## приветственные речи, приветствия

Согласно существующей практике пленарных заседаний ГА, приветственные речи в адрес Председателя сводятся к кратким замечаниям, включенным в выступления, сделанные в ходе общих прений. С приветствиями в адрес должностных лиц Главных комитетов выступает только Председатель предыдущей сессии после того, как избраны все должностные лица соответствующего комитета.

## процедура принятия решений на основе консенсуса

В процедурном смысле слова консенсус означает отсутствие официальных возражений. Так, "работать на основе консенсуса" значит продолжать обсуждение до тех пор, пока не будет достигнуто общее согласие, не ставя вопрос на голосование. (Например, решения ГАТТ обычно принимаются на основе консенсуса, а не путем голосования).

на основе общего согласия

с обоюдного согласия

явно выраженное согласие

молчаливое (подразумеваемое) согласие

| | |
|---|---|
| consent to be bound by a treaty | согласие на обязательность договора |
| The consent of a State to be bound by treaty may be expressed by signature, exchange of instruments constituting a treaty, ratification, acceptance, approval or accession, or by any other means if so agreed. | Согласие государства на обязательность для него договора может быть выражено подписанием договора, обменом документами, образующими договор, ратификацией договора, его принятием, утверждением, присоединением к нему или любым другим согласованным способом. |

**consequence**

| | |
|---|---|
| a matter of great * | дело, имеющее важное значение |
| of little (of no) * | несущественный, неважный |
| consequential amendment | см. amendment |

**consideration**

| | |
|---|---|
| to be under * | находиться на рассмотрении, рассматриваться |
| upon * | по обсуждении |
| considered opinion | взвешенное, твердое мнение |

**consolidate**

свести воедино, объединить

| | |
|---|---|
| to * the two texts | объединить (свести воедино) два текста |
| *ed draft resolution | объединенный проект резолюции |
| *ed efforts | совместные, общие усилия |
| *ed report | сводный доклад (отчет) |

**constituent**

| | |
|---|---|
| * assembly | учредительное собрание |
| * instrument of an international organization | учредительный акт международной организации (т.е. ее устав) |

| | |
|---|---|
| * part | составная часть |

**construction**

| | |
|---|---|
| * of treaties | толкование международных договоров (см. interpretation) |
| to put a wrong * on the matter | неправильно (ошибочно) истолковать вопрос |

**consultative**

| | |
|---|---|
| * committee | консультативный (совещательный) комитет |
| * voice | совещательный голос |
| * status | консультативный статус |
| The number of non-governmental organizations that have a consultative status with the ECOSOC exceeds 600. Such organizations may send observers to public meetings of the Council and its subsidiary bodies and may submit written statements relevant to the Council's work. | Число неправительственных организаций, имеющих консультативный статус при ЭКОСОС, превышает 600. Такие организации могут направлять наблюдателей на открытые заседания Совета и его вспомогательных органов, а также представлять письменные заявления, касающиеся работы Совета. |

**contempt**

| | |
|---|---|
| in * of all rules | вопреки всем правилам, в нарушение всех правил |
| * of the law | нарушение (несоблюдение) норм права |

**contend** — вступать в спор; утверждать

| | |
|---|---|
| *ing interests | противоположные интересы |
| *ing parties | спорящие стороны, стороны в споре |

**content**

| | |
|---|---|
| * of a proposal (speech) | суть, основное содержание предложения (выступления) |
| form and * | форма и содержание |

**contest**

| | |
|---|---|
| to * a point (a statement, a right) | оспаривать какое-л. положение (заявление, право) |
| to * a judicial decision | опротестовать решение суда |
| to * an election | ставить под сомнение законность (результаты) выборов |

**contracting State** — договаривающееся государство

i.e. a State which has consented to be bound by the treaty, whether or not the treaty has entered into force. — т.е. государство, которое согласилось на обязательность для него договора, независимо от того, вступил договор в силу или нет.

**controversy** — спор, дискуссия, полемика, расхождение во взглядах

to enter into (engage in) * with smb. on smth. — вступать в полемику с кем-л. о чем-л.

**convene**

| | |
|---|---|
| to * a meeting (a session etc) | созывать заседание (сессию и т.д.) |
| The ECOSOS *s twice a year | ЭКОСОС собирается (проводит свои сессии) дважды в год |

**core**

| | |
|---|---|
| the * of a subject | суть дела |
| the * of a dispute | основной момент (предмет) спора |

| | |
|---|---|
| **co-sponsor** | соавтор, один из авторов (проекта резолюции) |
| **to \* a document** | совместно представить документ, присоединиться к числу авторов |
| **covenant** | соглашение, договор, пакт |
| Covenant of the League of Nations | Устав Лиги Наций |
| Covenants on Human Rights | Пакты о правах человека |
| **credentials** | полномочия; верительные грамоты (дип.) |

Credentials constitute an official document certifying that a person indicated therein is empowered to represent his State in an international organization or in another State.

In the GA the credentials of representatives and the names of members of a delegation are to be submitted to the Secretary - General if possible not less than one week before the opening of the session. The credentials are issued either by the Head of the State or Government or by Minister for Foreign Affairs. In the SC the Head of Government or Minister of Foreign Affairs of each member of the SC is entitled to sit on the Council without submitting credentials.

## Credentials Committee

A Credentials Committee is appointed at the beginning of each session. It consists of nine members, who are appointed by the GA on the proposal of the President.

Полномочия представляют собой официальный документ, удостоверяющий, что указанное в нем лицо уполномочено представлять свое государство в международной организации или в другом государстве (ср. full powers).

В ГА полномочия представителей и список членов каждой делегации представляются Генеральному секретарю по возможности не менее чем за неделю до открытия сессии. Полномочия даются главой государства, главой правительства или министром иностранных дел. В СБ глава правительства или министр иностранных дел каждого члена СБ имеет право заседать в Совете без представления полномочий.

## Комитет по проверке полномочий

В начале каждой сессии назначается Комитет по проверке полномочий. Он состоит из девяти членов, которые назначаются ГА по предложению Председателя.

| | |
|---|---|
| The Committee examines the credentials of representatives and reports without delay. The Committee is entrusted with a technical tack of establishing whether the credentials are in order and is not concerned with any political question. | Комитет проверяет полномочия представителей и немедленно представляет доклад. На Комитет возложена чисто техническая задача установления, отвечают ли представленные полномочия необходимым требованиям, и он не занимается никакими политическими вопросами. |

**cross-purpose**

| | |
|---|---|
| to talk at *s | не понимать друг друга |

# D

**date**

| | |
|---|---|
| effective * | дата вступления в силу |
| opening * | дата открытия (сессии, конференции) |
| to bring a report up to * | дополнить доклад; включить в доклад самые последние данные |
| to keep smb. up to * | держать кого-л. в курсе дела; снабжать последними данными |

**deadline**

| | |
|---|---|
| to fix the * | установить предельный (конечный, крайний) срок |
| to meet the * | закончить что-л. к назначенному сроку, уложиться в установленный срок |
| to postpone the * | продлить предельный срок |

**dead-lock**  мертвая точка, тупик, безвыходное положение

to come to a *  зайти в тупик

to break the *  сдвинуть вопрос с мертвой точки, выйти из тупика

a *ed issue, situation  вопрос, находящийся в тупике; тупиковая ситуация

**debatable**

* provision  спорное положение

a motion to suspend or to adjourn the meeting is not * but must be immediately put to the vote  предложение прервать или закрыть заседание обсуждению не подлежит, а немедленно ставится на голосование

**debate**  прения, обсуждение, дискуссия

to be in (under) *  быть предметом обсуждения, дискутироваться

adjournment of the *  перерыв в прениях (см. adjournment)

closure of the *  прекращение прений (см. closure)

concurrent *s  см. concurrent

controversial *  прения по спорным вопросам

procedural *  прения по процедурным вопросам

substantative *  прения по существу вопроса (по основным вопросам)

*general debate*  общие прения (в отечественной прессе принято называть общеполитической дискуссией)

At the outset of each regular ses-  В начале каждой очередной сес-

sion, the GA holds a general debate in which Member States express their views on a wide range of matters of international concern. To enhace the significance of the general debate participation of Heads of State or Government, Ministers for Foreing Affairs and other high officials is encouraged. The usual length of the general debate is two and a half weeks. In the Main committees the established practice is to hold a single general debate on related and logically linked agenda items.

сии ГА проводит общие прения, в ходе которых государства-члены излагают свои мнения по широкому кругу вопросов, имеющих важное значение для международного сообщества. Для повышения значимости общих прений поощряется участие в них глав государств или правительств, министерств иностранных дел и других высоких должностных лиц. Обычная продолжительность общих прений две с половиной недели. В Главных комитетах, согласно установившейся практике, проводятся совместные общие прения по смежным и органически взаимосвязанным пунктам повестки дня.

### decide

| | |
|---|---|
| to * against smth. | отклонить, решить отрицательно какой-л. вопрос |
| the committee *ed against reopening of the debate | комитет решил не возобновлять прения |
| to * on (upon) a course of action | определить линию поведения |
| *ed difference, advantage | явное различие, превосходство |
| to give a *ed answer | дать окончательный ответ |

### decision

| | |
|---|---|
| to reverse one's * | отказаться от прежнего решения, пересмотреть свое решение |
| to bring a question to a * | принять решение по вопросу |
| judicial * | определение суда |
| * (making) procedure | процедура принятия решений |

**default**

| | |
|---|---|
| in * of an agreement | в нарушение соглашения; ввиду отсутствия соглашения |
| *ing State | государство-нарушитель |
| * judgement | заочное решение суда |

Whenever one of the parties does not appear before the ICJ, or fails to defend its case, the other party may call upon the Court to decide in favour of its claim. Such decision of the Court is called a * judgement.

Если одна из сторон не явится в МС или не представит своих доводов, другая сторона может просить Суд о разрешении дела в свою пользу. Такое решение суда называется заочным.

**defeat**

| | |
|---|---|
| to * a candiadate | нанести поражение кандидату, одержать верх (на выборах) |
| to * a resolution | отклонить (провалить) резолюцию |
| to * the object and purpose of a treaty | лишить договор его объекта и цели |

**defective**

| | |
|---|---|
| * rules | неполные, неточные правила |
| * text | текст, содержащий ошибки |

**defer**

| | |
|---|---|
| to * a discussion | затягивать обсуждение |
| to * a meeting to a later date | перенести заседание на более поздний срок |
| to * to smb's opinion | прислушиваться к чьему-л. мнению |

**defiance**

| | |
|---|---|
| * of a resolution | невыполнение (игнорирование) резолюции |

| | |
|---|---|
| to set smth. at * | не считаться, ни во что не ставить, попирать |
| in * of smth. | вопреки чему-л., не считаясь с чем-л. |

**define**

| | |
|---|---|
| to * one's position | определить позицию |
| to * a problem | поставить проблему; сформулировать задачу |

**definite**

| | |
|---|---|
| * statement | определенное (недвусмысленное) заявление |
| to come to a * understanding | добиться определенной степени (взаимо)понимания |

**definitive**

| | |
|---|---|
| * decision | окончательное, бесповоротное решение |
| * answer | окончательный ответ |
| the text of the treaty is authentic and * | текст договора аутентичный и окончательный |

**defy**

| | |
|---|---|
| to * a resolution | открыто не повиноваться, игнорировать |
| to * public opinion | ни во что не ставить, бросать вызов общественному мнению |
| the problem defies solution | проблема не поддается решению, неразрешима |

**delegation**

| | |
|---|---|
| to be on a * | быть в составе делегации |
| * of powers | делегирование (передача) полномочий |

**delete**     исключать, снимать, опускать

| | |
|---|---|
| deletion of agenda items | исключение пунктов из повестки дня (см. agenda) |
| **deliberations** | заседания, работа (ассамблеи, комитета) |
| The * of the ICJ take place in private and remain secret. | Совещания МС проходят в закрытом заседании и сохраняются в тайне. |
| deliberative body, voice | совещательный орган, голос |
| **delicate** | |
| * compromise | с трудом достигнутый компромисс |
| * stage in negotiations | сложный этап переговоров |
| * subject, question | трудный, сложный, щекотливый вопрос |
| **denial** | |
| to make a formal * of a statement | официально опровергнуть заявление |
| to issue a flat * | опубликовать категорическое опровержение |
| **denunciation** | денонсация, денонсирование |
| Denunciation is one of the most common ways of dissolution or withdrawal from a treaty. It must take place strictly in accordance with the procedure provided for in the treaty, non-comliance with which may give grounds for impeaching the validity of denunciation. A treaty which does not provide for denunciation is not subject to denunciation unless it is establisthed that the paries intended to admit the possibility of denunciation or a right of denunciation may be implied by the nature of the treaty. | Денонсация является одним из наиболее распространенных способов расторжения международного договора или выхода из него. Она должна осуществляться в строгом соответствии с порядком, который предусмотрен в договоре и несоблюдение которого может явиться основанием для оспаривания действительности денонсации. Договор, который не предусматривает денонсации, не подлежит денонсации, если только не установлено, что участники намеревались допустить возможность денонсации. |

A party shall in this case give not less than twelve months' notice of its intention to denounce a treaty. In this notification the party must state compelling reasons of its intention to denounce the treaty.

Участник в таком случае уведомляет не менее чем за двенадцать месяцев о своем намерении денонсировать договор. В этом уведомлении участник должен изложить веские причины своего намерения денонсировать договор (см. также termination).

### departure

\* from the rules of procedure

отклонение (отступление) от правил процедуры

\* from tradition

отход от традиции

### deposit

to \* a treaty with the UN Secretary - General

сдать договор на хранение Генеральному секретарю ООН; депонировать договор у Генерального секретаря.

### depositary

депозитарий

The designation of the depositary of a treaty may be made by the negotiating States, either in the treaty itself or in some other manner. The depositary may be one or more States, an international organization or the chief administrative officer of the organization. The functions of a depositary comprise in particular: keeping custody of the original text of the treaty and of any full powers delivered to the depositary; preparing certified copies of the original text and transmitting them to the parties; receiving any signatures to the treaty and receiving and keeping custody of any instruments, notifications and communications relating to it; informing the States entitled to become parties

Депозитарий договора может быть назначен участвовавшими в переговорах государствами или в самом договоре или каким-либо иным порядком. Депозитарием может быть одно или несколько государств, международная организация или главное исполнительное должностное лицо такой организации. Функции депозитария состоят, в частности: в хранении подлинного текста договора и переданных депозитарию полномочий; в подготовке заверенных копий с подлинного текста и в препровождении их участникам договора; в получении подписей под договором и получении и хранении документов, уведомлений и сообщений, относящихся к нему; в информировании государств, имеющих

to the treaty when the number of signatures or of instruments of ratification, acceptance, approval or accession required for the entry into force of the treaty has been received or deposited; registering the treaty with the Secretariat of the UN.

право стать участниками договора, о том, когда число подписей, ратификационных грамот или документов о принятии, утверждении или присоединении, необходимое для вступления договора в силу, было получено или депонировано; в регистрации договора в Секретариате ООН.

**detail**

| | |
|---|---|
| to go (to enter) into *s | вдаваться в подробности |
| to leave out *s | опускать подробности |
| in every (in the fullest) * | во всех подробностях |
| a *ed report | обстоятельный доклад |
| to give a *ed account of smth. | подробно (обстоятельно) изложить что-либо |

**deviate**

| | |
|---|---|
| to * from a topic | отклониться от темы |
| to * from the truth | отойти от истины |

**devolve**

| | |
|---|---|
| to * one's powers upon smb. | передать кому-либо свои полномочия |
| *ing rights and duties | переходящие (передаваемые) права и обязанности |

**differ**

| | |
|---|---|
| to * from smb. | не соглашаться с кем-либо, оспаривать чье-либо мнение |
| to * about the issue (on a point) | расходиться во мнении по вопросу |
| to agree (to beg) to * | оставаться при своем мнении; позволить себе не соглашаться |

**difference**

| | |
|---|---|
| to settle (to resove) the *s | уладить спор, устранить разногласия |
| to play upon *s among... | играть на разногласиях между... |
| to reduce the *s | сгладить разногласия |

**dilutory**

| | |
|---|---|
| * policy | политика оттяжек (выжидания) |
| * motion | предложение, внесенное с целью помешать (затянуть) принятие решения |
| * methods, tactics | обструкционистские методы, тактика проволочек |
| to dilute a proposal, a draft resolution | выхолащивать предложение, проект резолюции |

**direct**

| | |
|---|---|
| * statement | ясное (недвусмысленное) заявление |
| * charge | открытое, прямое обвинение |
| * knowledge | сведения из первоисточников |
| * contradiction | явное (очевидное) противоречие |
| Director - General | Генеральный директор |
| (the chief administarative officer of IAEA, ILO, FAO, UNESCO and some other specialized agencies) | (главное административное должностное лицо МАГАТЭ, МОТ, ФАО, ЮНЕСКО и некоторых других специализированных учреждений) |

**dispense**

| | |
|---|---|
| to * with formalities | обходиться без формальностей |
| to * with a rule | пренебречь правилом |

| | |
|---|---|
| to * with secret ballot | отказаться от проведения (не проводить) тайного голосования |
| to * with full powers | не требовать предъявления полномочий |
| Full powers are dispensed with as far as Heads of State, Heads of Government and Ministers of Foreign Affairs are concerned. | Предъявления полномочий не требуется, тогда речь идет о главах государства, правительства и министрах иностранных дел. |
| to * from duty | освобождать от выполнения обязанностей |
| to * judges from sitting (ICJ) | освобождать судей от участия в заседаниях (МС) |
| to * justice | отправлять правосудие |

**dispute**

| | |
|---|---|
| a matter in * | предмет спора |
| to settle a * | урегулировать, разрешить спор |
| mediation and conciliation of *s | посредническое и согласительное урегулирование споров |
| to * a statement | ставить под сомнение (оспаривать) заявление |
| to * elections | оспаривать результаты выборов |

**disagree**

| | |
|---|---|
| to * with facts | не соответствовать (противоречить) фактам |
| to * with smb. over a matter | расходиться во мнениях с кем-либо по вопросу |

**discretion**

| | |
|---|---|
| to act with * | действовать осторожно (осмотрительно) |
| to act at * | действовать по собственному усмотрению |

| | |
|---|---|
| to have full * to act | иметь полномочия действовать по собственному усмотрению |

**discussion**

| | |
|---|---|
| a subject for * | предмет для обсуждения |
| a question under * | обсуждаемый (рассматриваемый) вопрос |
| the question will come up for * tomorrow | вопрос будет поставлен на обсуждение завтра |
| * time | время, отведенное на обсуждение |
| in-depth * | обстоятельное, подробное обсуждение |

**dismiss**

| | |
|---|---|
| to * the assembly | распустить ассамблею, собравшихся |
| to * a possibility | не допускать возможности |
| to * smb's comment | отвести чье-либо высказывание (как необоснованное) |

**dissent**

| | |
|---|---|
| the right to * | право высказывать различные точки зрения, не соглашаться с мнением остальных, отстаивать свое мнение |
| to express strong * | категорически возражать |
| dissenting vote (a dissentient) | голос "против" |
| The motion was passed with two dissentients (without a single dissenting vote) | Решение было принято при двух голосах против (без единого голоса против) |
| dissenting opinion (ICJ) | особое мнение (МС) |

dissident members of a committee — несогласные члены комитета, выражающие особое мнение, занимающие особую позицию

**divergence**

\* from a norm, standard — отклонение от нормы, стандарта

divergent views — (резко) расходящиеся точки зрения

**divide**

opinions are \*ed on the point — мнения по этому вопросу расходятся

the proposal \*ed the Committee — предложение вызвало раскол в комитете; при голосовании предложения голоса членов комитета разделились

equally \*ed votes — разделение голосов поровну (см. voting, election)

**division**

to cause \* — вызывать разногласия, раскол

\* of proposals and amendments — раздельное голосование предложений и поправок (см. voting)

divisive issues — вопросы, вызывающие (острые) разногласия, раскол

**dodge**

to \* a question — увиливать (уклоняться) от ответа

to \* a problem — уходить от решения проблемы

**double standard(s)** — двойные мерки (стандарты); двойные критерии оценки (т.е. разное применение положений и законов в одинаковых ситуациях)

| | |
|---|---|
| **doubletalk** | пустые (демагогические) высказывания; уклончивые речи; думать одно, а говорить другое |
| **draft** | проект; составлять, разрабатывать (документы) |
| * amendment | проект поправки |
| * bill | законопроект |
| **drafting** | составление, разработка; редактирование |
| * committee | редакционный комитет |
| * changes | редакционные изменения, изменения редакционного характера |
| from a * point of view | с редакционной точки зрения; (с точки зрения формы) |
| multilingual * | параллельное составление (документа) на нескольких языках |
| drafter (draftsman) | составитель, автор (документа) |
| **draft resolution** | проект резолюции |
| amended * | проект резолюции, включающий поправки |
| i.e. draft incorporating amendments as a result of voting | т.е. проект резолюции с внесенными в него поправками в результате голосования этих поправок |
| revised * | пересмотренный проект резолюции |
| i.e. draft changed by the sponsors themselves | т.е. проект, измененный его авторами |
| combined * | объединенный проект резолюции |
| i.e. draft resulting from merging together of two or more drafts on the same subject matter | т.е. проект, явившийся результатом слияния двух или более проектов по тому же вопросу |

| | |
|---|---|
| joint * | совместный проект резолюции |
| i.e. draft sponsored by two or more delegations | т.е. проект, авторами которого являются две или более делегации |
| original * | первоначальный проект резолюции |
| i.e. draft as it stood before being amended of revised | т.е. проект в том виде, в каком он существовал до того, как в него были внесены поправки или он был пересмотрен авторами |

**draw**

| | |
|---|---|
| to * up agenda, report | разрабатывать, составлять повестку дня, доклад |
| to * smb. over to one's side | переманить кого-либо на свою сторону |

**due**

| | |
|---|---|
| in * form | в должной форме; по всем правилам |
| upon * consideration | после внимательного рассмотрения |
| duly appointed commission | официально назначенная комиссия |

# E

**effect**

| | |
|---|---|
| long-range *s | долгосрочные последствия |
| legal * of reservations | юридические последствия оговорок |
| of no *, to no *, without * | безрезультатный, бесполезный, напрасный |

| | |
|---|---|
| to this * | с этой целью |
| to the * that | в том смысле, что...; следующего содержания |
| the proposal is to the following * | смысл предложения сводится к слодующему |
| to put (to bring, to carry) into * | осуществлять, проводить в жизнь (решения, соглашения, планы и т.д.) |
| to take * | вступить в силу |
| with * from... | вступающий в силу с... |
| to * a settlement of a dispute | добиться урегулирования спора |

**effective**

| | |
|---|---|
| to become * | вступить в силу |
| * date | дата вступления в силу |
| * co-operation | плодотворное сотрудничество |
| * measures | действенные меры |

**elaborate**

| | |
|---|---|
| to * a plan (an idea, details) | тщательно разработать план, уточнить детали, развить идею |
| to * on (upon) | подробно останавливаться на чем-либо, конкретизировать, развивать |
| he called the talks useful, but he did not * | он назвал переговоры полезными, но далее это высказывание не развил |
| an * study | детальное изучение |
| * preparations | тщательная подготовка |

**election**

*election procedure*

порядок (процедура) проведения выборов

All elections are held by secret ballot. There shall be no nominations in the GA. In the Main Committees the nomination of each candidate is limited to one speaker, after which the Committee immediately proceeds to the election. When only one person or Member is to be elected and no candidate obtains in the first ballot the majority required, a second ballot is taken, which is restricted to the two candidates obtaining the largest number of votes. If in the second ballot the votes are equally divided, and a majority is required, the President decides between the candidates by drawing lots. If a two-thirds majority is required, the balloting continues until one candidate secures two thirds of the votes cast; provided that, after the third inconclusive ballot, votes may be cast for any eligible person or Member. If three such unrestricted ballots are inconclusive, the next three ballots are restricted to the two candidates who obtained the greatest number of votes in the third of the unrestricted ballots, and the following three ballots thereafter are unrestricted, and so on until a person or Member is elected.

Все выборы проводятся тайным голосованием. В ГА выдвижение (представление) кандидатур не проводится. В Главных комитетах выдвижение каждой кандидатуры ограничивается выступлением одного оратора, после чего Комитет немедленно приступает к выборам. Если необходимо избрать только одно лицо или одного члена и ни один кандидат не получает при первом голосовании требуемого большинства, проводится второе голосование, ограниченное двумя кандидатами, получившими наибольшее число голосов. Если при втором голосовании голоса разделяются поровну, а требуется простое большинство, Председатель определяет жребием, кто из кандидатов является избранным. Если требуется большинство в две трети голосов, то голосование продолжается до тех пор, пока один из кандидатов не получит двух третей поданных голосов, однако после третьего безрезультатного голосования голоса могут подаваться за любое лицо или любого члена Организации, имеющего право быть избранным. Если три таких неограниченных голосования не дают требуемых результатов, то следующие три голосования ограничиваются двумя кандидатами, получившими наибольшее число голосов при третьем неограниченном голосовании, после чего проводятся три следующих неограниченных голосования и так далее до тех пор, пока какое-либо лицо или член не будет избран.

If there is only one candidate for a post, voting by secret ballot becomes superfluous, and in such cases the candidate is said to be elected by acclamation. The practice of dispensing with the secret ballot for elections in the Main Committees and subsidiary organs when the number of candidates corresponds to the number of seats to be filled has become usual and the same practice applies to the election of the President and Vice - Presidents of the GA, unless a delegation specifically requests a vote on a given election. No explanation of vote is allowed when the vote is taken by secret ballot.

Когда на ту или иную должность выдвигается только одна кандидатура, тайное голосование становится излишним, и в таких случаях говорят, что кандидат избирается путем аккламации (см. acclamation). Практика отказа от тайного голосования при выборах в Главных комитетах и во вспомогательные органы в тех случаях, когда число кандидатов соответствует числу вакантных мест, стала обычной и применяется по отношению к выборам Председателя и заместителей Председателя ГА, если какая-либо из делегаций конкретно не обратится с просьбой о проведении голосования. Когда проводится тайное голосование, выступления по мотивам голосования не допускаются.

## *annual elections*

The GA each year, in the course of its regular session, elects five non-permanent members of the SC for a term of two years and eighteen members of the ECOSOC for a term of three years. Elections are held only by secret ballot and require a two-third majority of the members present and voting. A retiring member of the SC is not eligible for immediate re-election, while members of other Councils and subsidiary organs are eligible.

## ежегодные выборы

ГА ежегодно во время очередной сессии избирает на двухлетний срок пять непостоянных членов СБ и восемнадцать членов ЭКОСОС. Выборы проводятся только путем тайного голосования и требуется большинство в две трети присутствующих и участвующих в голосовании членов. Выбывающий член СБ не подлежит немедленному переизбранию, тогда как члены других Советов и вспомогательных органов таким правом обладают.

## *election of the members of the International Court of Justice*

The Court consists of 15 judges elected by the GA and the SC voting independently. They are chosen on the basis of their qualifications, not on the basis of nationality, and care is taken to ensure that, the principal legal systems of the world are represented in the ICJ.

## выборы членов Международного Суда

Суд состоит из 15 судей, избираемых ГА и СБ, голосующими независимо друг от друга. Они избираются на основе их деловых качеств, а не на основе гражданства. Однако при назначении внимание обращается на то, чтобы в Суде были представлены главные правовые системы всего мира.

| | |
|---|---|
| No two judges can be nationals of the same State. Any meeting of the GA held for the purpose of electing members of the Court shall continue until as many candidates as are required for all the seats to be filled have obtained in one or more ballots an absolute majority of votes. Voting in the SC for the election of judges is taken without any distinction between permanent and non-permanent members of the Council. Those candidates who obtain an absolute majority of votes in the GA and in the SC are considered elected. In the event of more than one national of the same State obtaining an absolute majority of the votes both of the GA and of the SC, the eldest of these only shall be considered as elected. The members of the Court are elected for nine years and may be re-elected. | В состав МС не может входить более одного гражданина одного и того же государства. Заседание ГА, созванное для выборов членов Суда, продолжается до тех пор, пока путем одного или нескольких туров голосования необходимое для заполнения всех вакансий число кандидатов не получит абсолютного большинства голосов. Голосование в СБ при выборах судей производится без всякого различия между постоянными и непостоянными членами Совета. Избранными считаются кандидаты, получившие абсолютное большинство голосов и в ГА, и в СБ. В случае, если абсолютное большинство голосов подано и в ГА, и в СБ более чем за одного гражданина того же государства, избранным считается лишь старший по возрасту. Члены Суда избираются на девять лет и могут быть переизбраны. |
| **by-elections** | **дополнительные выборы** |
| Should a member cease to belong to a Council or the ICJ before its term of office expires, a by-election is to be held separately at the next session of the GA to elect a member for the unexpired term. Likewise if the President or a Vice-President of the GA or any officer of a committee is unable to perform his functions, another person is elected for the unexpired term during the same session. | Если член какого-либо Совета или МС выбывает до истечения срока своих полномочий, то на ближайшей сессии ГА отдельно проводятся дополнительные выборы члена этого Совета или МС на оставшийся срок. Аналогичным образом, если Председатель или один из заместителей Председателя ГА или кто-либо из должностных лиц Комитета не может выполнять своих функций, то на остающийся срок избирается другое лицо в ходе той же сессии. |
| **elective** | |
| * office | выборная должность |
| * body | см. body |
| **elicit** | |
| to * facts | выявлять, устанавливать факты |

to * a reply from smb. — добиться (добиваться) ответа от кого-либо

to * applause from an audience — вызвать аплодисменты аудитории

**eligible**

* for membership — имеющий право стать членом

* for a position — обладающий данными для занятия должности

**elucidate**

to * a problem — разъяснить, пролить свет на проблему

to * difficulties — выявить трудности

**elusive**

* reply — уклончивый ответ

* concept — расплывчатая (с трудом поддающаяся определению) концепция

**embark**

to * on a programme — приступить к выполнению программы

to * on a new round of negotiations — начать новый раунд переговоров

**embody**

to * ideas into an action programme — воплотить идеи в программу действий

article *ing the following provisions — статья, содержащая следующие положения

**emergency special session** — чрезвычайная специальная сессия (см. session)

**emphasis**

to put (to lay, to place) * on (upon) smth. — подчеркивать, уделять особое внимание чему-либо

| | |
|---|---|
| rescheduling of debts was the * of his speech | в своей речи он сделал основной упор на необходимости пересмотра сроков погашения долгов |

**emphasize**

| | |
|---|---|
| it cannot be *ed enough | необходимо подчеркнуть самым решительным образом |
| the point cannot be *ed too strongly | трудно переоценить значение этого вопроса (момента) |

**emphatic**

| | |
|---|---|
| * denial | категорический отказ |
| to be * in one's assertion | настойчиво утверждать |

**enforce**

| | |
|---|---|
| to * a resolution | выполнить резолюцию, обеспечить выполнение резолюции |
| to * judgement | приводить в исполнение судебное решение |
| *ed silence | вынужденное молчание |

**enforcement**

| | |
|---|---|
| * action (measures) | принудительные действия, меры (см. action) |
| * of a treaty | обеспечение выполнения договора |

**engage**

| | |
|---|---|
| to * in a debate (a dispute) | вступить в прения (спор) |
| to be *d in negotiations | вести переговоры, участвовать в переговорах |
| Members of the ICJ when *d on the business of the Court... | Члены МС при исполнении ими судебных обязанностей... |

**engagement**

| | |
|---|---|
| international *s | международные обязательства |
| to enter into an * | принимать на себя обязательство |
| to break an * | нарушить обязательство (обещание) |

**enlarge**

| | |
|---|---|
| to * upon | распространяться (о чем-либо), подробно останавливаться, вдаваться в подробности |
| *ed meeting | расширенное заседание |

**enlighten**

| | |
|---|---|
| to * smb. as to (in regard to) smth. | осведомлять, ставить в известность кого-либо о чем-либо |
| to be thoroughly *ed on the subject | быть хорошо осведомленным в вопросе |
| *ed views | передовые взгляды |

**enter**

| | |
|---|---|
| to * into negotiations | вступить в переговоры |
| to * into obligations | принимать на себя обязательства |
| to * smb's name in the list of speakers | включить кого-либо в список ораторов |
| to * a reservation | сделать оговорку |
| to * a protest | заявить протест |
| to * upon a project | приступить к выполнению проекта, взяться за осуществление проекта |

| | |
|---|---|
| This point need not be *ed into. | На этом моменте не обязательно останавливаться. |

*entry into force* — вступление в силу (договора)

| | |
|---|---|
| A treaty enters into force (takes effect) in such manner and upon such date as it may provide or as the negotiating States may agree. It may enter into force immediately upon signature, after its ratification, after the deposit of a specified number of ratifications etc. The final articles of a treaty apply from the time of the adoption of its text. | Договор вступает в силу в порядке и в дату, предусмотренные в самом договоре или согласованные между участвовавшими в переговорах государствами. Он может вступить в силу сразу после подписания, после его ратификации, после депонирования определенного числа ратификационных грамот и т.д. Заключительные статьи договора (см. final articles), применяются с момента принятия текста договора. |

**enunciate**

| | |
|---|---|
| principles *ed (enshrined) in the UN Charter | принципы, провозглашенные в Уставе ООН |

**equal**

| | |
|---|---|
| * rights | равноправие |
| on * terms | на равных началах |
| other things being * | при прочих равных условиях |
| to be * to the occasion | быть (оказаться) на высоте положения |
| to be * to smb's expectations | оправдать чьи-либо надежды (ожидания) |
| equality of votes (equally divided votes) | разделение голосов поровну (см. election, voting) |

**equivocal**

| | |
|---|---|
| * answer | уклончивый ответ |
| * clause | статья, допускающая двойное толкование |
| * remark | двусмысленное замечание |

| | |
|---|---|
| equivocation | уклончивый ответ; двусмысленное утверждение; словесные уловки |
| to answer without * | отвечать напрямик |
| escape clause | пункт договора, освобождающий сторону от ответственности; лазейка |
| essential | |
| * condition | обязательное (непременное) условие |
| * disagreement (differences) | расхождение (разногласия) по существу |
| to grasp the *s | понять (ухватить) самое главное, основные моменты |
| to come down to *s | перейти к сути вопроса |
| evade | уклоняться, увертываться (от ответа, вопроса); избегать |
| to * real issues | уклоняться от реальных проблем |
| notions that * definition | понятия, не поддающиеся определению |
| to resort (to use) evasions | прибегать к уверткам (уловкам) |
| evasive answer (promise) | уклончивый ответ; неопределенное обещание |
| evidence | |
| to bear (to give) * of... | свидетельствовать, подтверждать |
| to adduce * in support of... | приводить доказательства в поддержку |
| * in favour of smth. | данные, говорящие в пользу |
| conclusive * | неоспоримое доказательство |

circumstantial *

косвенные улики (доказательство)

**examination**

\* of credentials

проверка полномочий

\* of a claim

рассмотрение претензии

to subject a plan to a critical \*

подвергнуть план критическому (тщательному) анализу

*exchange of ratifications or instruments constituting the treaty*

обмен ратификационными грамотами или документами, составляющими договор

According to the law of treaties such an act constitutes the final stage of concluding a bilateral treaty.

Согласно праву международных договоров подобный акт представляет собой окончательный этап заключения двустороннего договора.

**exclude**

to \* from consideration

снять с рассмотрения

to \* all reference to ...

изъять всякое упоминание о...

**execution**

\* of treaties

выполнение международных договоров

\* of a plan

проведение плана в жизнь

in the \* of official duty

при исполнении служебных обязанностей

**executive heads**

исполнительные главы

The term is often used as referring to the chief administrative officers of specialized agencies who run the daily affairs of the agency, are responsible for the administration of the budget and are also the chiefs of staff composed of international civil servants.

Данный термин часто используется в отношении главных административных должностных лиц специализированных учреждений, которые осуществляют повседневную работу учреждения, несут ответственность за исполнение бюджета и руководят персоналом, состоящим из международных гражданских служащих.

They are: Director - General (IAEA, ILO, FAO, UNESCO, WHO, UPU, WIPO and UNIDO), Managing Director (IMF), President (IBRD, IFAD), Secretary - General (ICAO, IMO, ITU, WMO).

Ими являются: Генеральный директор (МАГАТЭ, МОТ, ФАО, ЮНЕСКО, ВОЗ, ВПС, ВОИС, ЮНИДО) Директор-распорядитель (МВФ), Президент (МБРР, МФСР), Генеральный секретарь (ИКАО, ИМО, МСЭ, ВМО).

## exercise

to speak in * of one's right of reply — выступать в порядке осуществления права на ответ (см. reply)

to * functions — выполнять функции, исполнять обязанности

to * patience — проявлять терпение

to * smb's patience — испытывать чье-либо терпение

## exhaust

to * the subject, the agenda — исчерпать тему, повестку дня

to * all possible combinations — (безрезультатно) перепробовать все возможные комбинации

*ive survey — исчерпывающий обзор

*ive investigation — всестороннее исследование

## expectation

to meet (to come up to, to live up to) *s — оправдать надежды

to fall short of *s — не оправдать надежд (ожиданий, чаяний)

expectant policy — выжидательная политика

## expert

* study — квалифицированное исследование

* opinion — экспертиза, экспертное заключение

| | |
|---|---|
| **expiration of a treaty** | прекращение договора вследствие истечения его срока |
| **time-expiring treaties** | договоры, заключенные на определенный срок, срочные договоры (см. также prolongation) |
| **explanation of vote** | разъяснение мотивов голосования, выступление (высказывания) по мотивам голосования |

Representatives may explain their votes either before or after the voting except when the vote is taken by secret ballot. In explaining their votes, delegations should limit their statements to an explanation, as brief as possible, of their own votes and should not use the occasion to reopen the debate. In any case explanations of vote should not exceed ten minutes and should be made by delegations from their seats. When the same draft resolution is considered in a Main Committee and in plenary meeting, a delegation should, as far as possible, explain its vote only once, i.e., either in the Committee or in plenary meeting, unless that delegation's vote in plenary meeting is different from its vote in the Committee. The President (Chairman) shall not permit the proposer of a proposal or of an amendment to explain his vote on his own proposal or amendment.

Представители могут высказываться по мотивам голосования как до, так и после голосования, за исключением случаев, когда проводится тайное голосование. Во время выступлений по мотивам голосования делегации должны ограничиваться кратчайшим по возможности изложением мотивов голосования и не должны использовать эти выступления в качестве повода для возобновления прений. В любом случае выступления по мотивам голосования не должны превышать десять минут и должны осуществляться делегациями с места. В случае если один и тот же проект резолюции рассматривается в одном из Главных комитетов и на пленарном заседании, делегации, по возможности, выступают по мотивам голосования только один раз, т.е. либо в Комитете, либо на пленарном заседании, если голосование делегации на пленарном заседании не отличается от ее голосоваия в Комитете. Председатель не должен разрешать автору предложения или поправки высказываться по мотивам голосования по его собственному предложению или поправке.

**explicit**

| | |
|---|---|
| an * statement of the problem | ясное (четкое) изложение проблемы |
| * assurances | недвусмысленные заверения |
| * reference to smth. | прямая ссылка на что-либо |
| it was *ly stated that... | было четко (недвусмысленно) сказано |

**express**

| | |
|---|---|
| an * consent | явно выраженное согласие |
| with the * purpose | специально с этой целью |
| rules *ly recognized (provided) | правила, определенно признанные (специально предусмотренные) |
| *ly or by implication | прямо или косвенно |

**extreme**

| | |
|---|---|
| to hold * views | придерживаться крайних воззрений |
| to go to *s (to extremities) | впадать в крайность; прибегать к крайним мерам |
| to go to the other * | впадать в другую крайность |

**extraneous**

| | |
|---|---|
| argument * to the subject under discussion | доводы, не относящиеся (не имеющие отношения) к обсуждаемому вопросу |
| * circumstances | побочные (привходящие) обстоятельства |
| * remark | неуместное замечание |

# F

**face**

| | |
|---|---|
| to be *ed with problems, difficulties | сталкиваться с проблемами, трудностями |
| to * up one's responsibilities | выполнять обязанности, не уклоняться от ответственности |
| in the * of the compelling evidence | вопреки убедительным доказательствам |

**fact-finding**

расследование обстоятельств, установление фактов

* mission — миссия по расследованию, по установлению фактов

**fail**

| | |
|---|---|
| to * a candidate | провалить кандидата |
| *ing proof to the contrary | при отсутствии доказательств об обратном |
| failure to comply with a treaty | невыполнение договора |

**faith**

in * thereof — в удостоверение чего... (см. также witness)

**fall**

| | |
|---|---|
| to * within the competence | входить в круг ведения, относиться к компетенции |
| matters *ing within the domestic jurisdiction of States | вопросы, относящиеся к внутренней юрисдикции (компетенции) государств |
| to * in with a proposal | присоединиться к предложению, поддержать |

**family**

the * of nations — сообщество наций, международное сообщество

the UN * — система ООН

i.e. the UN itself and the various agencies related to it — т.е. сама ООН и различные связанные с ней учреждения (см. specialized agencies)

**fellow delegate** — член той же (самой) делегации

**final**

* act of a conference — заключительный акт (итоговый документ) конференции

* articles of a convention — заключительные статьи конвенции

i.e. provisions relating to the authentication of the text, expressing consent to be bound by the treaty, the manner or date of its entry into force etc. Also referred to as formal articles (clauses). — т.е. положения, касающиеся установления аутентичности текста, выражения согласия на обязательность договора, порядка или даты его вступления в силу и т.д. Также называются формально-процедурными статьями.

**floor**

to have (take) the * — выступать, брать слово

to get (give) the * — получать (предоставлять) слово

to ask for the * — просить слово

questions from the * — вопросы с места

to speak from the * — выступать с места, "от микрофона"

Representatives, when explaining their votes or exercising their right of reply must speak from the floor (from their seats). — Представители, разъясняя мотивы голосования или осуществляя право на ответ, должны выступать со своих мест.

widespread support from the * — широкая поддержка аудитории

| | |
|---|---|
| to appeal to the * | обращаться к аудитории, членам ассамблеи и т.д. |
| "before yielding the floor..." | заканчивая выступление... |
| "before yielding the floor to the next speaker..." | прежде чем передать слово на этой трибуне следующему оратору... |
| a question that can * anyone | вопрос, который может кого угодно поставить в тупик (сбить столку) |
| **focal point** | основная тема или основной вопрос; координирующий центр (орган) |
| The Committee serves as a * within the UN Secretariat for all matters relating to ... | Комитет выступает в качестве координирующего органа в Секретариате ООН в отношении всех вопросов, касающихся... |

**focus**

| | |
|---|---|
| to be a * of attention | быть в центре внимания, привлекать к себе всеобщее внимание |
| to * one's attention (efforts) on | сосредоточить внимание (усилия) на... |
| **follow-up** | последующие мероприятия; меры, принимаемые в развитие или исполнение (решений, директив) |
| the * of the report | меры, принятые в связи с докладом |
| a * committee | комитет по продолжению деятельности, по принятию последующих мер |
| to * on the recommendations of the Conference | осуществлять последующие мероприятия в соответствии с рекомендациями конференции |

**force**

| | |
|---|---|
| a treaty in * | действующий договор |
| to put in * | вводить в силу, проводить в жизнь, осуществлять |
| to come (to enter into) * | вступать в силу |
| in full * | в полном составе |

**forceful**

| | |
|---|---|
| * argument | убедительный довод |
| * language | категорическая формулировка |

**fore**

| | |
|---|---|
| to come to the * | выйти на передний план |

The question will come to the * at the next session. — Этому вопросу будет уделено внимание на следующей сессии; этот вопрос станет основным предметом обсуждения...

**forgo**

| | |
|---|---|
| to * further discussion of the matter | отказаться от дальнейшего обсуждения вопроса |
| to * the interpretation into French | не заслушивать перевода на французкий язык |

**form**

| | |
|---|---|
| paragraph, amendment etc. in its present * | пункт, поправка и т.д. в существующей формулировке (в представленном виде) |

The General Committee may revise the resolution adopted by the GA, changing their * but not their substance. — Генеральный комитет может вносить изменения в принятые ГА резолюции, но эти изменения могут относиться только к форме, а не к существу.

| | |
|---|---|
| in due * | по всем правилам; в надлежащей форме; по форме |
| credentials found in good and due * | полномочия, найденные в должном порядке и надлежащей форме |

**formal**

| | |
|---|---|
| * proposal, statement etc. | официальное предложение, заявление и т.д. |
| Any * proposal advanced in the GA must be put to a vote. | Любое официальное предложение, выдвинутое в ГА, должно быть поставлено на голосование. |
| resolutions and other * action | резолюции и другие официальные решения |
| * revision | редакционные изменения |
| * amendment | официальная поправка или поправка редакционного характера |
| * validity | действительность со стороны формы |
| * articles | формально-процедурные статьи (см. final articles) |
| * resemblance | внешнее (поверхностное) сходство |
| to propose *ly | официально предложить, внести предложение в официальном порядке |

**format**

| | |
|---|---|
| the * of a conference | (задуманный) план конференции |
| negotiations were conducted according to an agreed * | переговоры проходили по согласованному формату |

**found**

| | |
|---|---|
| a report *ed on facts | доклад, основанный на фактах |

to be well (ill) *ed | быть хорошо (плохо) обоснованным

**founding members of the UN**

i.e. the States that participated in the Conference on International Organization at San Francisco and signed its Charter on 26 June 1945. Together with Poland, which was not represented at the Conference, but signed the Charter later, the total number of the original Member States is 51. | т.е. государства, которые участвовали в Конференции по созданию международной организации и которые подписали ее Устав 26 июня 1945 года. Вместе с Польшей, не представленной на Конференции, но подписавшей Устав позднее, общее число первоначальных государств-членов составляет 51.

**framework**

basic * of the agreement | принципиальные основы соглашения

* agreement | рамочное соглашение (см. agreement)

settlement * | рамки (исходные положения) урегулирования

to establish a more effective * for future relations | заложить более эффективную основу будущих отношений

to set up a committee within the * of the SC | создать комитет в рамках СБ

to deal with matters falling within the * of domestic affairs | заниматься вопросами, относящимися к сфере внутренних дел страны

to be outside the * of the debate | не иметь отношения к прениям

**fresh**

to appoint a * representative | назначать нового представителя

to make a * start | начать все заново

**front-burner**

on the * | актуальный, важный

to keep an issue on the *  уделять вопросу первостепенное внимание (ср. back-burner)

**frustrate**

to * the purpose of a treaty  сделать невозможным достижение цели договора

to * smb's efforts  сорвать попытки

to * plans  нарушить (расстроить) планы

**full**

* consideration  всестороннее рассмотрение

* implementation of the resolution  выполнение резолюции во всех ее аспектах (положениях)

* treatment of a subject  исчерпывающее изложение (освещение) темы

to consider in * detail  рассматривать во всех деталях

to have the *est opportunity  располагать всеми (самыми широкими) возможностями

* signature of a treaty  окончательное подписание договора

the * Court  полный состав Суда

The full Court shall sit except when it is expressly provided otherwise in the ICJ Statute.  Кроме случаев, специально предусмотренных в Статуте МС, Суд заседает в полном составе.

**full powers**  полномочия (ср. credentials)

"Full powers" means a document emanating from the competent authority of a State designating a person or persons to represent the State for negotiating, adopting or authenticating the text of a treaty, for expressing the consent of the State to be bound by a treaty, or for accomplishing any other act with respect to a treaty. In virtue of their functions and without having to produce full powers, the following are considered as representing their State: Heads of State, Heads of Government and Ministers for Foreign Affairs, for the purpose of performing all acts relating to the conclusion of a treaty; heads of diplomatic missions, for the purpose of adopting the text of a treaty between the accrediting State and the State to which they are accredited.

"Полномочия" означают документ, который исходит от компетентного органа государства и посредством которого одно или несколько лиц назначаются представлять это государство в целях ведения переговоров, принятия текста договора или установления его аутентичности, выражения согласия государства на обязательность для него договора или в целях совершения любого другого акта, относящегося к договору. Следующие лица в силу их функций и без необходимости предъявления полномочий считаются представляющими свое государство: главы государств, главы правительств и министры иностранных дел - в целях совершения всех актов, относящихся к заключению договора; главы дипломатических представительств - в целях принятия текста договора между аккредитующим государством и государством, при котором они аккредитованы.

**full-fledged**

\* member

полноправный (действительный) член (организации, комитета)

\* debate

развернутые прения

**Functional commissions**

**Функциональные комиссии**

i.e. commissions entrusted with specific tasks; thus, functional commissions of ECOSOC include: Statistical Commission, Population Commission, Commission on Social Development, Commission on Human Rights, Commission on the Status of Women, Commission on Narcotic Drugs.

т.е. комиссии, на которые возложены конкретные задачи; так, функциональные комиссии ЭКОСОС включают: Статистическую комиссию, Комиссию по народонаселению, Комиссию социального развития, Комиссию по правам человека, Комиссию по положению женщин, Комиссию по наркотическим средствам.

**fundamental**

\* difference

коренные расхождения

| | |
|---|---|
| issue of * importance | вопросы первостепенной важности |
| to differ on *s | расходиться во взглядах по принципиальным вопросам |
| to come down to *s | перейти к сути дела |
| *s of a problem | основополагающие аспекты проблемы |

**furnish**

| | |
|---|---|
| to * smb. with information | предоставить кому-либо информацию |
| to * with proofs, explanation | предоставить доказательства, объяснения |

**further**

| | |
|---|---|
| * evidence | новые доказательства |
| to obtain * information | получить дополнительные сведения |
| until * notice | впредь до дальнейшего извещения |
| without * notice | без дальнейшего извещения (предупреждения) |

# G

**gain**

| | |
|---|---|
| to * a majority of 50 votes | добиться перевеса (большинства) в 50 голосов |
| to * one's point (one's end) | отстоять свою позицию, точку зрения |
| to * smb's confidence | завоевать чье-либо доверие |

| | |
|---|---|
| to * smb. over to a cause | убедить кого-либо в правоте своего дела; заручиться поддержкой |
| to * ground | (см. ground) |

**gallery**

| | |
|---|---|
| public * (e.g. in the GA hall) | места для публики (например, в зале заседаний ГА) |

**gap**

| | |
|---|---|
| to close (to bridge) the * | ликвидировать пробел; преодолеть расхождение во взглядах |
| to narrow the * | сократить разрыв; сблизить противоположные позиции |
| stop-gap measures | паллиативные меры, полумеры |

**gavel**

| | |
|---|---|
| | молоток (председателя, судьи) |

**gear**

| | |
|---|---|
| programmes *ed to specific needs | программы, ориентированные на конкретные потребности |
| The whole process of negotiations was thrown out of * | Весь процесс переговоров был сорван (дезорганизован) |

**general**

| | |
|---|---|
| * meeting | общее собрание |
| * debate | общие прения (см. debate) |
| * feeling of the Committee | общее мнение членов Комитета |
| to explain in * terms | объяснить в общих чертах |
| * statement | заявление общего характера |

| | |
|---|---|
| *ly accepted principles | общепризнанные принципы |
| *ly worded text | текст, составленный в общих выражениях |
| *ly held opinion (views) | широко распространенное мнение; общее мнение |
| **generalities** | утверждение общего характера, общие места |
| to come down from * to particulars | переходить от общих рассуждений к конкретным вопросам |
| to confine oneself to vague * | ограничиваться общими словами (заявлениями) |
| **General Assembly (GA)** | **Генеральная Ассамблея (ГА)** |

The GA is the main deliberative UN organ, composed of representatives of all Member States, each of which has one vote. The GA holds annually regular sessions and may also meet in special and emergency special sessions. It discusses and takes decisions on any question within the scope of the Charter (except where a dispute or situation is being considered by the SC). While the decisions of the GA have no legally binding force for Governments, they carry the weight of world opinion, as well as the moral authority of the world community. The GA elects the non permanent members of the SC, the members of the ECOSOC and jointly with the SC the Judges of the ICJ. On the recommendation of the SC it appoints the Secretary General. The GA also approves the regular budget and decides on the apportionment of the UN expenses.

ГА является главным совещательным органом ООН и состоит из представителей всех государств-членов, каждый из которых имеет один голос. ГА проводит ежегодно очередные сессии и может также собираться на специальные и чрезвычайные специальные сессии (см. sessions). Она обсуждает и принимает решения по любым вопросам в рамках Устава (кроме тех случаев, когда тот или иной спор или ситуация находятся на рассмотрении СБ). Хотя решения ГА не имеют обязательной юридической силы для правительств, они весьма весомы, поскольку выражают мнение мировой общественности и подкреплены авторитетом сообщества наций. ГА избирает непостоянных членов СБ, членов ЭКОСОС и совместно с СБ судей МС. По рекомендации СБ она назначает Генерального секретаря (см. election, appointment). ГА также утверждает регулярный бюджет и принимает решение по распределению расходов ООН.

## General Committee

i.e. a steering committee of the GA composed of the President of the GA, who presides, the twenty-one Vice - Presidents and the Chairmen of the seven Main Committees. No two members of the General Committee may be members of the same delegation. At the outset of each session the General Committee considers how the work of the session can be best rationalized and makes recommendations to the GA on all matters relating to its agenda (consideration of the provisional agenda, the supplementary list, allocation of agenda items to the Main Committees etc.). In considering the agenda the General Committee may not discuss the substance of any item. Neither should it decide any political question. The General Committee also meets periodically throughout each session to review the progress of the GA and its committees and to make recommendations for furthering such progress.

## General Conference

i.e. a policy-making organ of such specialized agencies, as IAEA, FAO, UNESCO and UNIDO. It meets annually or biannually to work out and approve the general policy, principles and programmes for the achievement of the purposes of the agency concerned. The General Conference elects the executive organ of the agency and appoints the chief administrative officer.

## Генеральный комитет

т.е. руководящий комитет ГА, состоящий из Председателя ГА, который председательствует в нем, двадцати одного заместителя Председателя и Председателей семи Главных комитетов. В состав Генерального комитета не может входить больше одного члена какой-либо одной делегации. В начале каждой сессии Генеральный комитет рассматривает вопрос о том, как наилучшим образом рационализировать работу сессии и представляет ГА рекомендации по всем вопросам, касающимся ее повестки дня (рассмотрение предварительной повестки дня, списка дополнительных пунктов, распределение пунктов повестки дня между Главными комитетами и т.д.). При рассмотрении повестки дня Генеральный комитет не обсуждает пункты по существу. Точно также он не должен решать никаких политических вопросов. Генеральный комитет также собирается периодически во время каждой сессии для ознакомления с ходом работы ГА и ее комитетов и для представления рекомендаций, содействующих успеху этой работы.

## Генеральная конференция

т.е. директивный орган таких специализированных учреждений, как МАГАТЭ, ФАО, ЮНЕСКО и ЮНИДО. Она собирается ежегодно или раз в два года, разрабатывает и утверждает общую политику, принципы и программы для достижения целей соответствующего учреждения. Генеральная конференция избирает исполнительный орган учреждения и назначает его главное административное должностное лицо.

**go back**

to * on (upon) a decision, a vote — аннулировать, отменить, пересмотреть принятое решение, результаты голосования

to * on one's word — не сдержать (отказаться от) своего слова

**good offices** — добрые услуги

* mission — миссия добрых услуг

to offer * — предлагать добрые услуги

The difference between the expressions "to offer good offices" and "to act as a mediator" is not very important. Strictly, when, say, a personal representative of the Secretary - General "offers good offices", it means that he tries to induce the parties to negotiate between themselves, and when he "mediates", he takes part in the negotiations himself.

Различие между выражениями "предлагать добрые услуги" и "выступать в качестве посредника" не очень существенно. Строго говоря, когда, например, личный представитель Генерального секретаря "предлагает добрые услуги", это значит, что он пытается побудить стороны приступить к переговорам между собой, а когда он "выступает в качестве посредника", он сам принимает участие в таких переговорах. (см. также proximity talks)

**grant**

to * permission to speak — разрешить выступить, предоставить слово

to * a hearing — удовлетворить просьбу о заслушании

to * a delay — предоставить отсрочку

to take for *ed — считать (что-либо) доказанным, не требующим доказательства, само собой разумеющимся

to take nothing for *ed — ничего не принимать на веру

**ground**

| | |
|---|---|
| common * | вопросы, в которых спорящие стороны сходятся; точки соприкосновения |
| to cover much * | охватить (затронуть) много вопросов |
| to hold (to maintain) one's * | не сдавать своих позиций, не отступать, стоять на своем |
| to shift one's * | переменить позицию в споре, изменить точку зрения |
| to tread on forbidden * | затрагивать запретную тему |
| to gain * | распространяться, делать успехи |
| The idea of holding a conference is gaining (losing) ground among the members of the Assembly. | Мысль о проведении конференции получает все большее распространение (становится все менее популярной) среди членов Ассамблеи. |
| to fall to the * | оказываться безрезультатным; утрачивать силу |
| With the extinction of a State its political treaties (e.g. treaties of friendship, of neutrality etc.) as a rule fall to the ground. | С исчезновением государства его политические международные договоры (например, договоры о дружбе, нейтралитете и т.д.) как правило утрачивают свою силу (становятся недействительными) |
| to * one's arguments on facts | основывать свои доводы на фактах |
| well (ill) *ed arguments | хорошо (плохо) обоснованные доводы |
| * rules | основные правила |
| guidelines | основные, основополагающие, руководящие принципы (положения, указания); отправные моменты; ориентиры |

# H

**hard**

\* and fast rules — жесткие, строго определенные правила

\* core issues — узловые вопросы; вопросы, вызывающие наиболее острые споры

hard-liner — сторонник жесткой линии (политики), противник компромиссов

to \*en the position of a delegation — вынудить делегацию занять более непримиримую позицию

\*ing of one's attitude — ужесточение (усиление непримиримости) чьей-либо позиции

**harmony**

to bring into \* — привести в соответствие, согласовать

to be in \* with — соответствовать чему-либо, сочетаться

The last paragraph is not in \* with the rest of the declaration. — Последний пункт несозвучен остальной части декларации.

**harmonize**

to \* conflicting parties — примирить враждующие (спорящие) стороны

to \* different points of view — согласовать различные точки зрения, устранить расхождения, сблизить

harmonious draft resolution — согласованный, сбалансированный проект резолюции

**headquarters**

The UN \* — Центральные учреждения ООН

| | |
|---|---|
| the * of a specialized agency | главное управление (штаб-квартира) специализированного учреждения |
| the Institute *ed in Rome | Институт со штаб-квартирой в Риме (местонахождением которого является Рим) |

**hear**

| | |
|---|---|
| to * smb. out | выслушать кого-либо (до конца); дать возможность высказаться |
| * ! * ! | правильно! правильно! (возглас, выражающий согласие с выступающим) |
| to ask to be heard | обратиться с просьбой о заслушании (о предоставлении слова) |

**hearing** — слушание, заслушание

| | |
|---|---|
| The * in the ICJ shall be public, unless the Court decides otherwise. | Слушание дела в МС производится публично, если не последует иного решения Суда. |
| to grant a * | удовлетворить просьбу о заслушании |

**heat**

| | |
|---|---|
| the * generated by the debate | горячие (острые) споры, возникающие в ходе прений |
| *ed debate, descussion | оживлённые (полемические, бурные) прения |

**highlight**

| | |
|---|---|
| to be in the * | быть в центре внимания |
| the *s of a conference | основные события конференции; главные вопросы, обсуждавшиеся на конференции; основные документы |

| | |
|---|---|
| to * smth. | выдвигать что-либо на первый план; подчеркивать; выявлять |
| **home** | |
| to bring smth * to smb. | убедить кого-либо в чем-либо; довести что-либо до чьего-либо сознания |
| his remark went * | его замечание попало в цель |
| **host** | |
| * country | принимающая сторона |
| to offer to * a conference | предложить провести у себя (в стране) конференцию |

# I

| | |
|---|---|
| **impasse** | |
| to break (to overcome) the * in negotiations | преодолеть тупик в переговорах, вывести переговоры из тупика |
| **implementation** | |
| * of resolutions (decisions) | претворение в жизнь, выполнение, осуществление резолюций (решений) |
| * clauses | положения (статьи) о выполнении, осуществлении (конвенции и т.д.) |
| **implication** | |
| the * of a statement | (скрытый) смысл заявления |
| expressly or by * | прямо или косвенно |

## *financial implications of resolutions*

No resolution having financial implications (i.e. involving expenditure) may be recommended for approval by the GA unless it is accompanied by an estimate of expenditures prepared by the Secretary - General. No such resolution may be voted by the GA until the Administrative and Budgetary Committee (Fifth Committee) has had an opportunity of stating the effect of the proposal upon the UN budget. A minimum period of forty-eight hours should be allowed between the submission and the voting of a proposal involving expenditure in order to allow the Secretary - General to prepare and present the related statement of administrative and financial implications.

## important questions

Decisions of the GA on important questions are made by a two-thirds majority of the members present and voting. These questions include: recommendations with respect to the maintenance of international peace and security, the election of the non-permanent members of the SC, the election of the members of the ECOSOC, the admission of new Members to the United Nations, the suspension of the rights and privileges of membership, the expulsion of Members, questions relating to the operation of the trusteeship system, and budgetary questions. The determination of additional categories of questions to be decided by a two-thirds majority, are made by a majority of the members present and voting.

## финансовые последствия резолюций

Никакая резолюция, имеющая финансовые последствия (т.е. связанная с расходами), не представляется на утверждение ГА без одновременного представления сметы расходов, составленной Генеральным секретарем. Никакая подобная резолюция не принимается ГА до тех пор, пока Комитет по административным и бюджетным вопросам (Пятый комитет) не получит возможность указать, как это предложение отразится на бюджете ООН. Устанавливается срок не менее сорока восьми часов между представлением предложения, связанного с расходами, и голосованием по нему, чтобы дать Генеральному секретарю возможность подготовить и представить соответствующую справку об административных и финансовых последствиях.

## важные вопросы

Решения ГА по важным вопросам принимаются большинством в две трети присутствующих и участвующих в голосовании членов Ассамблеи. Эти вопросы включают: рекомендации в отношении поддержания международного мира и безопасности, выборы непостоянных членов СБ, выборы членов ЭКОСОС, прием новых Членов ООН, приостановление прав и привилегий членов Организации, исключение из Организации ее членов, вопросы, относящиеся к функционированию системы опеки, и бюджетные вопросы. Определение дополнительных категорий вопросов, которые подлежат решению большинством в две трети голосов, принимаются простым большинством присутствующих и участвующих в голосовании членов.

**impracticable**

* proposal — неосуществимое (невыполнимое) предложение

**inadequacy**

* of a reply — несостоятельность (неполноценность) ответа

* of proposed measures — неадекватность (несоответствие требованиям) предложенных мер

**inconclusive**

* reasoning — неубедительная (шаткая) аргументация

* meeting — заседание, которое не привело к каким-либо результатам

* ballot — голосование, не давшее определенных результатов; безрезультатное голосование (см. election)

**inconsistency**

* between the two drafts — несоответствие (неувязка) между двумя проектами

* of views — непоследовательность (неустойчивость, изменчивость) взглядов

**inconsistent**

* statements — противоречивые (противоречащие друг другу) заявления

* conclusion — непоследовательный (нелогичный) вывод

actions * with principles — действия (решения), не соответствующие каким-либо принципам; идущие вразрез с...

**incorporate**

text *ing amendments — текст, в который включены поправки

**in-depth**

* discussion — обстоятельное обсуждение

* review — подробный обзор

**informative**

* report — содержательный (содержащий обширную информацию) доклад

**informed**

* decisions — обоснованные решения

to keep * — держать в курсе дел

well (ill) * — хорошо (плохо) осведомленный

**infringement**

* of the rules of procedure — нарушение правил процедуры

* of interests — ущемление интересов

* on (upon) smth. — посягательство на что-либо

to infringe on the competence of other bodies — вторгаться в компетенцию других органов

**initialling** — парафирование

Initialling is one of the means of establishing that the text of a treaty is authentic and definitive. It is effected by a representative of a State having full powers to participate in negotiations and to adopt the text of the treaty who signs the text by putting down his initials. It is not a mandatory stage of concluding a treaty.

Парафирование представляет собой один из способов установления того, что текст международного договора является аутентичным и окончательным. Оно осуществляется представителем государства, который наделен полномочиями участвовать в переговорах и принимать текст договора и который подписывает текст, проставляя свои инициалы.

| | |
|---|---|
| In a diplomatic parlance initialling is also called a preliminary signature of a treaty which is followed by a final signature. | Парафирование не является обязательным этапом заключения договора. На дипломатическом языке парафирование также называют предварительным подписанием, за которым следует окончательное подписание. |

**inoperative**

| | |
|---|---|
| | не оказывающий воздействия; недействительный |
| to make smth. * | лишить чего-либо силы, сделать недействительным |
| * resolution | резолюция, не имеющая юридической силы |

**inscribe**

| | |
|---|---|
| to * an item on the agenda | включать пункт в повестку дня |
| to * one's name on the list of speakers | записаться для выступления |

**inside**

| | |
|---|---|
| * information | секретные сведения |
| to possess * knowledge | обладать (располагать) конфиденциальными данными |

**install**

| | |
|---|---|
| to * smb. in an office | ввести кого-либо в должность |

**instruction**

| | |
|---|---|
| to follow *s | следовать указаниям (директивам) |
| to conform to (to comply with) *s | подчиняться правилам, выполнять указания |
| "by * of my government" | "по поручению моего правительства" |

**instructive**

| | |
|---|---|
| * debate | поучительные прения |

| | |
|---|---|
| * report | содержательный доклад |
| **instrument** | |
| constituent * | учредительный документ (акт) |
| * of ratification | ратификационная грамота (см. ratification) |
| * of accession | документ о присоединении (к договору) |
| by (through) the instrumentality of the UN organs | при содействии (с помощью, при посредничестве) органов ООН |
| **integrated** | |
| * solution of a problem | комплексное решение проблемы |
| in an * manner | комплексно; на всесторонней основе |
| **intent** | |
| the * of a proposal | смысл предложения; преследуемая предложением цель |
| to all *s and purposes | как бы то ни было, в любом случае; по существу, на самом деле, фактически |
| **interim** | |
| * report | предварительный доклад, доклад о ходе работ |
| * committee | межсессионный комитет; временный комитет |
| **intermittently** | |
| to meet * | заседать с перерывами |
| the talks continued * | переговоры проходили с перерывами |

**interpose**

to * in a matter — принять участие (посредничать) в каком-либо деле

to * in a debate — участвовать в прениях

to * between opponents — быть посредником между спорящими сторонами

**interpretation** — устный перевод; толкование

Speeches made in any of the six languages of the GA are interpreted into the other five languages. Any representative may make a speech in a language other than the languages of the GA. In this case, he should himself provide for interpretation into one of the languages of the GA or of the committee concerned.

Речи, произносимые на любом из шести языков ГА, переводятся устно на пять других языков. Любой представитель может произнести речь на каком-либо другом языке, помимо языков ГА. В этих случаях он сам обеспечивает устный перевод на один из языков ГА или ее соответствующего комитета.

**simultaneous (consecutive) *** — синхронный (последовательный) перевод

**interpretation (construction) of treaties** — толкование международных договоров

A treaty shall be interpreted in good faith in accordance with the ordinary meaning to be given to the terms of the treaty in their context and in the light of its object and purpose.

Договор должен толковаться добросовестно в соответствии с обычным значением, которое следует придавать терминам договора в контексте, а также в свете объекта и целей договора.

**authentic interpretation** — аутентичное толкование

i.e. interpretation of a treaty or provision of it established by an agreement between parties to the treaty and binding upon them.

то есть толкование договора или какого-либо из его положений, установленное на основе соглашения между участниками этого договора и имеющее для них обязательный характер.

**canons of *** — правила толкования

## liberal and restrictive interpretation

When a provision of the treaty admits of two constructions, one restricting the rights and the other enlarging them, the more liberal interpretation is to be preferred.

## расширительное и ограничительное толкование

Когда какое-либо положение договора допускает два толкования, одно ограничивающее права, а другое расширяющее их, предпочтение отдается более широкому толкованию.

## interpretive statements

Any State may make an interpretive statement whereby it specifies the manner in which it intends to interpret a provision or a term of a treaty. Interpretive statements are made out in a special declaration attached to the treaty. Unilateral interpretive statements do not constitute a reservation since they do not modify or exclude the legal effect of treaty provisions.

## толковательные заявления

Любое государство может сделать толковательное заявление, в котором оно уточняет каким образом оно намерено толковать какое-либо положение договора или какой-либо его термин. Толковательные заявления оформляются в виде особой декларации, которая прилагается к договору. Односторонние толковательные заявления не представляют собой оговорки, поскольку они не изменяют или не исключают юридическое действие положений договора.

## **intersperse**

to * agenda items

попеременно рассматривать пункты повестки дня

to * one's speech with many quotations

снабжать (перемежать) речи многочисленными цитатами

## **intervene**

to * in the general debate

выступать (принимать участие) в общих прениях

to * on a point of order

выступать по порядку ведения заседания

to * in the proceedings (ICJ) — вступать в дело (в качестве третьей стороны) (МС)

Should a State consider that it has an interest of a legal nature which may be affected by the decision in the case, it may submit a request to the ICJ to be permitted to intervene. It is for the Court to decide upon this request. — Если то или иное государство считает, что решение по делу может затронуть какой-либо его интерес правового характера, то это государство может обратиться в МС с посьбой о разрешении вступить в дело. Решение по такой просьбе принадлежит Суду.

**introduce**

to * an amendment, a draft resolution etc. — внести на рассмотрение, представить поправку, проект резолюции и т.д.

to * a question for discussion — поставить (вынести) вопрос на обсуждение

to * a controvercial element into debate — придать прениям полемический характер

**introductory**

* discussion of an agenda item — предварительное обсуждение пункта повестки дня

* paragraph — пункт вступительной части

a few * remarks — несколько предварительных замечаний

**invalid**

* treaty — недействительный (не имеющий юридической силы) договор

* argument — несостоятельный довод

* excuse — сомнительная отговорка

* claim — необоснованное требование (претензия)

**invite**

| | |
|---|---|
| to * the Committee to vote | предложить членам Комитета провести голосование (проголосовать) |
| The resolution *s Member States to take specific measures | В резолюции государствам-членам предложено принять конкретные меры |
| the proposal *s some questions | предложение вызывает ряд вопросов |
| to * attention | привлекать внимание |

**invoke**

| | |
|---|---|
| to * a right | использовать право, воспользоваться правом |
| to * a rule of procedure | прибегать к правилу процедуры, ссылаться на правило процедуры |

**involved**

| | |
|---|---|
| * parties | затрагиваемые стороны; стороны, вовлеченные (в спор и т.д.) |
| * question | сложный, запутанный вопрос |

**issue**

| | |
|---|---|
| | (спорный) вопрос; предмет обсуждения |
| to bring an * to a close | разрешить вопрос |
| the point (the matter) at * | обсуждаемый вопрос; предмет рассмотрения (спора) |
| to take * with smb. on a point | не соглашаться (вступить в спор) с кем-либо по какому-либо вопросу |
| side *s | второстепенные вопросы |

**item**

| | |
|---|---|
| * of (on) the agenda | пункт повестки дня |
| *s under consideration | рассматриваемые пункты повестки дня |

| | |
|---|---|
| additional and supplementary *s | новые и дополнительные пункты (см. agenda) |

# L

**language**

| | |
|---|---|
| official *s | официальные языки (организации, конференций) |

| | |
|---|---|
| Under the Charter the official languages of the UN are Chinese, English, French, Russian and Spanish. Arabic has been added as an official language of the GA, the SC and the ECOSOC. Speeches made in any of the six languages of the GA are interpreted into the other five languages. Likewise all resolutions, verbatim or summary records and other documents are published in the languages of the Assembly. | Согласно Уставу официальными языками ООН являются английский, испанский, китайский, русский и французский. Арабский язык был добавлен в качестве официального языка ГА, СБ и ЭКОСОС. Речи, произносимые на любом из шести языков ГА, переводятся на пять других. Аналогичным образом все резолюции, стенографические или краткие отчеты и другие документы издаются на языках ГА. |
| The official languages of the Secretariat and the ICJ are English and French. | Официальными языками Секритариата и МС являются английский и французский. |
| * department | отдел переводов |
| * difficulties | переводческие (языковые) трудности |
| * of a paragraph | формулировка пункта резолюции |
| strong (forceful) * | резкие (категоричные) формулировки |
| * versions of a draft resolution | тексты проекта резолюции на различных языках |

| | |
|---|---|
| restrained * | сдержанный тон (выступления) |
| **latitude** | широта взглядов, суждений |
| to allow wide * | предоставить широкие полномочия (свободу действий) |
| **launch** | |
| to * a new round of negotiations | начать новый раунд переговоров |
| to * a programme | приступить к осуществлению программы |
| to * into an argument | пуститься в рассуждения (спор) |
| **length** | |
| to speak at * (at full, at great, at some *) | говорить подробно, пространно |
| to go to all (any) * | ни перед чем не останавливаться, идти на все |
| to go to the * of smth. | пойти (решиться) на что-либо |
| to *en out speech, discourse | чрезмерно затягивать речь |
| **lengthy** | |
| * debate | длительные, продолжительные прения |
| * speech | растянутая, утомительная речь |
| * style | многословие |
| **letter** | |
| in * and in spirit | по форме и по сущесву |
| to carry out the instructions to the * | выполнять указания точно (в точности) |

| | |
|---|---|
| to know smth. to the * | знать что-либо досконально |
| **liable** | |
| * to dispute | спорный, могущий быть оспоренным |
| a clause * to misconstruction | статья, допускающая возможность неправильного (превратного) толкования |
| **liberal** | |
| * interpretation | вольный перевод; расширительное толкование (см. interpretation) |
| * wording | широкая, расплывчатая, гибкая формулировка |
| **lift** | |
| to * sanctions | снимать (отменять) санкции |
| to * up one's voice against | протестовать против |
| **limelight** | |
| in the * | на виду, в центре внимания |
| to bring a matter in the * | выдвинуть вопрос на первый план, поставить в центре внимания |
| to throw * on | предать гласности; пролить свет |
| **line** | |
| to take a strong * | держаться твердой линии; действовать энергично |
| along the *s with | в соответствии с ... |
| to bring into * with | приводить в соответствие с ... |
| to proceed along the same *s | (продолжать) действовать таким же образом |

| | |
|---|---|
| in (out of) with smb's * | соответствующий (не соответствующий) чьим-либо интересам, взглядам |
| to * up with smb. | присоединиться к кому-либо, объединиться |
| to * up against | объединить усилия, объединиться против кого-либо |

**lip-service** — неискреннее выражение преданности; пустые слова

to pay * to smth. — признавать (поддерживать) что-либо только на словах

**list of speakers**

| | |
|---|---|
| to appear on the * | значиться (фигурировать) в списке ораторов |
| to put down to (place) one's name on the * | записаться для выступления |

Representatives wishing to make a statement should put down their names on the list of speakers. The presiding officer should invite representatives to speak in the order of their inscription on the list of speakers, on the understanding that those prevented from doing so should normally be moved to the end of the list, unless they have arranged to change places with other representatives.

Представители, желающие сделать заявление, должны записаться для выступления. Председатель должен приглашать представителей выступать в том порядке, в каком они фигурируют в списке ораторов, при том условии, что те, кто не сможет сделать этого, будут, как правило, переноситься в конец списка, если только они не поменялись местами с педставителями других стран (см. также precedence).

| | |
|---|---|
| to close the * | прекратить запись желающих выступить (запись ораторов) |
| to announce the * | огласить список ораторов |

| | |
|---|---|
| to declare the * closed | объявить о прекращении записи ораторов |

During the course of a debate, the President may announce the list of speakers and, with the consent of the GA, declare the list closed. It is recommended that the President of the Assembly or the Chairman of a Main Committee should, soon after the beginning of the debate on an item, indicate date for the closing of the list of speakers. He should endeavor to have the list of speakers closed at the latest after one third of the meetings allocated to the item have been held. As to the general debate in the GA the list of speakers should preferably be closed at the end of the third day after the opening of the debate.

В ходе прений Председатель может огласить список ораторов и, с согласия ГА, объявить о прекращении записи ораторов. Рекомендуется, чтобы Председатель Ассамблеи и Председатели Главных комитетов вскоре после начала обсуждения того или иного пункта повестки дня указывали дату прекращения записи ораторов. Они должны стремиться к тому, чтобы эта запись прекращалась не позднее того, как будет проведена треть заседаний, отведенных для обсуждения данного пункта повестки дня. Что касается общих прений в ГА, то запись ораторов должна, по возможности, прекращаться в конце третьего дня после начала прений.

| | |
|---|---|
| to complete the * | дать возможность выступить всем ораторам, числящимся в списке |
| Delegations already entered on the * | Делегации, уже записавшиеся для выступления |

## lot

| | |
|---|---|
| to cast (to draw) *s | бросать (тянуть) жребий |
| to settle smth. by *s | решать что-либо по жребию (жеребьевкой) |
| to choose smb. by *s | выбирать кого-либо жеребьевкой |

In the course of elections when only one person or Member is to be elected and the first ballot is inconclusive, a second ballot is taken, which is restricted to two candidates obtaining the largest number of votes.

В ходе выборов, если необходимо избрать только одно лицо или одного члена Организации и первое голосование оказывается безрезультатным, проводится второе голосование, ограниченное двумя кандидатами, получившими наибольшее число голосов.

If in the second ballot the votes are equally divided, and a majority is required the presiding officer decides between the candidates by drawing lots.

Если при втором голосовании голоса разделяются поровну, а требуется простое большинство, то Председатель определяет жребием, кто из кандидатов является избранным.

# M

## Main Committees

The Main Committees of the GA are the following: Political and Security Committee (First Committee); Special Political Committee; Economic and Financial Committee (Second Committee); Social, Humanitarian and Cultural Committee (Third Committee); Trusteeship Committee (Fourth Committee); Administrative and Budgetary Committee (Fifth Committee); Legal Committee (Sixth Committee). All the Main Committees, during the first week of the session, elect their officers ( Chairman, two Vice - Chairmen and a Rapporteur). Voting in Committees is by a simple majority. No agenda item allocated to a Main Committee may be acted upon in the plenary, until the Committee concerned has completed consideration of it and presented its report and draft resolution to the Assembly.

## Главные комитеты

Главными комитетами ГА являются: Комитет по политическим вопросам и вопросам безопасности (Первый комитет); Специальный политический комитет; Комитет по экономическим и финансовым вопросам (Второй комитет); Комитет по социальным и гуманитарным вопросам и вопросам культуры (Третий комитет); Комитет по вопросам опеки (Четвертый комитет); Комитет по админмстративным и бюджетным вопросам (Пятый комитет); Комитет по правовым вопросам (Шестой комитет). Все Главные комитеты в первую неделю сессии выбирают своих должностных лиц (Председателя, двух заместителей Председателя и докладчика). При голосовании в Комитетах действует правило простого большинства. Ни по одному пункту повестки дня, переданному на рассмотрение любого из Главных комитетов, не может приниматься решение на пленарных заседаниях, пока соответствующий комитет не завершит рассмотрение этого пункта и не представит Ассамблее свой доклад и проект резолюции.

## maintain

| | |
|---|---|
| to * an amendment, a reservation | оставлять (отказываться снять) поправку, оговорку; оставлять в силе |
| to * an attitude | придерживаться какой-либо позиции |
| to * one's ground | стоять на своем, не уступать |
| to * the common cause | поддерживать общее дело; защищать, отстаивать |
| to * an open mind | быть непредубежденным, сохранять объективность |

## majority

"Majority of members present and voting" means the majority of members casting an affirmative or negative vote. Members which abstain from voting are considered as not voting.

"Большинство присутствующих и участвующих в голосовании членов" означает большинство членов, голосующих "за" или "против". Члены Организации, которые воздерживаются от голосования, рассматриваются как не участвующие в голосовании.

### *absolute majority*

абсолютное большинство

i.e. more than half the total number of voting or qualified to vote. When there are more than two candidates, the one who gets 50 percent of votes plus one more vote is said to be elected by an absolute majority.

то есть более половины голосующих или имеющих право голоса. Когда имеется более двух кандидатов, тот, кто получил 50% голосов плюс еще один голос, считается избранным абсолютным большинством голосов.

### *qualified majority*

квалифицированное (специально или особо установленное) большинство

i.e. any other than a simple majority. It may be one-third, two-thirds, three-forths etc. The usual qualified majority is a two-thirds one.

то есть любое иное большинство кроме простого. Это может быть большинство в одну треть, две трети, три четвертых голосов и т.д. Обычным квалифицированным большинством считается большинство в две трети голосов (см. elections, voting).

## required majority

i.e. the exact number of votes required, depending on the number members present and voting and on the type of a majority, to carry a motion or to elect a candidate.

## majority rule

i.e. a principle of democratic government or organization whereby laws, rules or decisions are made according to the will of the greatest number of representatives or individuals and are binding on all others.

## Managing Director (IMF)

## mandate

to extend the *

refugees within the * of the UN organs

## mandatory

* provisions

* language

* measures (sanctions)

## manipulate

to * the voting

требуемое большинство

то есть точное число голосов, необходимых, в зависимости от числа присутствующих и участвующих в голосовании членов и от вида большинства, для принятия предложения или избрания кандидата.

принцип большинства, правило принятия решений большинством голосов; подчинение меньшинства большинству

то есть принцип демократического правления или организации, согласно которому законы, правила или решения принимаются в соответствии с волей наибольшего числа представителей или лиц и являются обязательными для всех остальных.

Директор-распорядитель (МВФ)

продлить полномочия (мандат)

беженцы, находящиеся на попечении органов ООН

обязательные положения

повелительные, категорические формулировки

обязательные меры (санкции)

направлять ход голосования

| | |
|---|---|
| to * facts | подтасовывать факты |

**mark**

| | |
|---|---|
| far from (wide of, short of, beside) the * | мимо цели; неправильно; не по существу; неуместно, некстати |
| off the * | неточно; ошибочно; неверно |
| an answer off the * | ответ невпопад |
| to hit the * | попасть в точку (о замечании); добиться цели |
| to be up to the * | быть на должной высоте, отвечать требованиям |
| to go beyond (to overstep) the * | выходить за границы дозволенного; заходить слишком далеко (о высказываниях) |
| of great * | очень известный, заслуживающий внимания |
| of little * | малоизвестный, не стоящий внимания |
| *ed (change, difference, etc.) | заметный, явный, ясно выраженный |

**material**

| | |
|---|---|
| * breach of a treaty | существенное нарушение муждународного договора (см. breach) |
| * facts | существенные, важные факты |
| facts which are not * to the point | факты, не имеющие отношения к рассматриваемому вопросу |
| * validity | действительность по существу |

**matter**

| | |
|---|---|
| * of dispute | предмет спора |

| | |
|---|---|
| to provide * for discussion | дать тему для обсуждения; явиться темой обсуждения |
| a * of form | вопрос формы; формальность |
| form and * | форма и содержание |
| to carry *s too far | зайти слишком далеко |
| not to mince *s | говорить напрямик (без обиняков) |
| to answer (to act) in a matter-of-course manner | отвечать (поступать) естественно, будто все само собой разумеется, будто так и надо |

**meaning**

| | |
|---|---|
| a remark full of * | многозначительное замечание |
| double * | двоякое значение; двусмысленность |
| within the * of the Charter | по смыслу Устава |

**measured**

| | |
|---|---|
| * words | обдуманные слова |
| to speak in * tones | говорить сдержанно, неторопливо |

**medium**

| | |
|---|---|
| by (through) the * of | через посредство (посредством) чего-либо |
| to strike the happy * | найти золотую середину |

**meet**

| | |
|---|---|
| to * in plenary | проводить пленарные заседания |
| to * intermittently | заседать с перерывами |
| to * the situation | действовать в соответствии с обстановкой, согласно обстоятельствам |

| | |
|---|---|
| to * the case (requirements) | отвечать требованиям |
| to * objections (criticisms) | опровергать возражения (критику) |
| to * smb. half-way | пойти навстречу кому-либо; идти на компромисс (на уступки) |

**meeting**

| | |
|---|---|
| consultative * | консультативное совещание |
| closing * | заключительное заседание |
| opening * | первое заседание |
| plenary * | пленарное заседание |
| * in camera | заседание (совещание) при закрытых дверях |
| calendar of *s | расписание заседаний |
| place of * | место (проведения) заседаний; местопребывание |

*public and private meetings* — открытые и закрытые заседания

The meetings of the GA, the Councils and their committees and subcommittees are to be held in public unless the organ concerned decides that exceptional circumstances require that the meeting be held in private. All decisions of the GA taken at a private meeting are to be announced at an early public meeting of the Assembly. At the close of each private meeting of the SC the President issues a communique through the Secretary General. The SC may decide that for a private meeting the record be made in a single copy alone. This record is to be kept by the Secretary-General.

Заседания ГА, Советов и их комитетов и подкомитетов должны быть открытыми, за исключением тех случаев, когда какой-либо из этих органов решает, что ввиду исключительных обстоятельств его заседание должно быть закрытым. Все решения ГА, принятые на закрытых заседаниях, должны быть оглашены на одном из ближайших открытых заседаний Ассамблеи. После окончания каждого закрытого заседания СБ Председатель через посредство Генерального секретаря публикует коммюнике. СБ может решить, чтобы отчет закрытого заседания был сделан только в одном экземпляре. Такой отчет хранится у Генерального секретаря.

| | |
|---|---|
| In the ICJ the hearing shall be public, unless the Court decides otherwise, or unless the parties demand that the public be not admitted. The deliberations of the Court take place in private and remain secret. | В МС слушание дела проводится публично, если не последовало иного решения Суда или если стороны не требуют, чтобы публика не была допущена. Совещания Суда происходят в закрытом заседании и сохраняются в тайне. |

## *meetings of the Security Council*

| | |
|---|---|
| The SC is so organized as to be able to function continuously, and a representative of each of its members must be present at all times at United Nations Headquarters. Meetings of the SC are to be held at the call of the President at any time he deems necessary. The President shall call a meeting of the SC at the request of any member of the SC. He may also call it if a dispute or a situation which might lead to international friction or give rise to a dispute is brought to the attention of the SC by any Member State of the UN, or if the GA makes recommendations or refers any question to the SC, or if the Secretary-General brings to the attention of the SC any matter which in his opinion is likely to threaten the maintenance of international peace and security. The SC also holds periodic meetings twice a year at such times as it may decide. | СБ организован так, чтобы он мог функционировать непрерывно, и каждое государство-член Совета должно постоянно иметь своего представителя при Центральных учреждениях ООН. Заседания СБ созываются Председателем в любое время, когда последний считает это необходимым. Председатель созывает заседание СБ по требованию любого члена СБ. Он может также созвать заседание, если любое государство-член ООН доводит до сведения СБ какой-либо спор или ситуацию, которая может привести к международным трениям или вызвать спор, или если ГА делает рекомендации или передает какой-либо вопрос СБ, или если Генеральный секретарь обращает внимание СБ на какой-либо вопрос, который, по его мнению, может угрожать поддержанию международного мира и безопасности. СБ также проводит два раза в год периодические заседания в сроки, устанавливаемые Советом. |

## **member**

| | |
|---|---|
| full (-fledged) * | полноправный член |
| rank-and-file *s | рядовые члены |
| original *s of the UN | первоначальные члены ООН (см. founding members) |

## **membership**

| | |
|---|---|
| increase in the * of... | расширение состава... |

| | |
|---|---|
| large * | большое число членов, широкий состав |
| application for * | заявление о приеме в члены (Организации) |

**method**

| | |
|---|---|
| * of electing the President | порядок избрания Председателя (см. election) |
| * of voting | порядок (проведения) голосования (см. voting) |

**minutes**

| | |
|---|---|
| | протокол (заседания) |
| to keep (to draw up) the * | вести протокол |
| to record in the *s | занести в протокол |
| In the ICJ minutes are made at each hearing and signed by the Register and the President. These minutes alone are authentic. | В МС каждому судебному заседанию ведется протокол, подписываемый Секретарем и Председателем. Лишь этот протокол аутентичен. |

**mislead**

| | |
|---|---|
| to * smb. into thinking (believing) | создать у кого-либо ложное представление; обманом заставить кого-либо подумать (поверить) |
| *ing answer | неправильный, вводящий в заблуждение ответ |
| *ing statement | дезориентирующее заявление |

**mode**

| | |
|---|---|
| *s of recognition | виды признания |
| * of speaking | манера говорить |

**moderate**

| | |
|---|---|
| to be * in one's views | придерживаться умеренных взглядов |
| to be * in one's demands | быть умеренным в своих требованиях |

| | |
|---|---|
| to * one's enthusiasm, pretensions | умерять свой пыл (энтузиазм), претензии |
| **modus vivendi** | модус вивенди: временное соглашение или урегулирование (между спорящими сторонами) |
| **momentum** | |
| to gather (to gain) * | набирать силу; получать все большее распространение |
| to add * to negotiation process | придать новый импульс процессу переговоров; активизировать... |
| **moot** | |
| * question (case) | спорный вопрос (дело) |
| **motion** | предложение (в ходе заседания, совещания) |
| to make (to propose, to bring forward) a * | внести, выдвинуть предложение |
| to carry (to reject) a * | принять (отклонить) предложение |
| order of procedural *s | порядок рассмотрения предложений процедурного характера (см. procedurel motions) |
| * for a division | предложение о проведении раздельного голосования (см. voting) |
| * for deferment | предложение об отсрочке |
| * for priority | предложение о предоставлении первоочередности |
| of one's own * | по собственному побуждению |
| **motive** | повод, (побудительный) мотив |
| to act from some * (s) | действовать из каких-либо побуждений |

| | |
|---|---|
| to misread smb's * | неправильно истолковать чьи-либо побуждения |
| to have a * in doing smth. | иметь повод (основание) делать что-либо |

**move**

| | |
|---|---|
| to * the suspension of the meeting | предложить прервать заседание, внести предложение о перерыве заседания |
| mover | автор (предложения), инициатор (идеи, плана) |

**multilateral**

| | |
|---|---|
| * conventions, negotiations | многосторонние конвенции, переговоры |
| **multilingual drafting** | см. drafting |

# N

**narrow**

| | |
|---|---|
| * majority | незначительное большинство, небольшой перевес голосов |
| * opinions | узость взглядов |
| * draft resolution | проект резолюции, охватывающий узкий круг вопросов |
| * examination | тщательное изучение |
| to * the gap | сблизить противоположные точки зрения; сократить разрыв |

**negative**

| | |
|---|---|
| * vote | голос (голосование) против; отрицательный результат голосования |
| * attitude | недоброжелательное отношение; отрицательная (негативная) позиция |
| * criticism | уничтожающая критика; критиканство |
| to decide in the * | отклонить предложение; отрицательно решить вопрос |

**negotiate**

| | |
|---|---|
| to * the terms of a settlement | договариваться (вести переговоры) об условиях урегулирования |
| *ed settlement | урегулирование в результате переговоров |
| agreements *ed under the UN auspices | соглашения, заключенные под эгидой ООН |
| *ing body | орган по ведению переговоров |
| negotiating State | участвующее в переговорах государство |
| i.e a State which took part in the drawing up and adoption of the text of the treaty | то есть государство, которое принимало участие в составлении и принятии текста договора |

**negotiation**

| | |
|---|---|
| to enter into *s with smb. | вступить в переговоры с кем-либо |
| to conduct (to carry on, to hold) *s | вести переговоры |
| to stall the * process | сорвать процесс переговоров |

## nomination

In the GA there shall be no *s. In the committees the * of candidates should be limited to one statement for each candidate, after which the committee should immediately proceed to the election.

выдвижение (представление) кандидатур

В ГА выдвижение кандидатур не проводится. В комитетах представление кандидатур должно ограничиваться одним выступлением по каждому кандидату, после чего комитету следует немедленно переходить к выборам.

* in writing

выдвижение кандидатур в письменном виде

oral *

устное представление кандидатур

## nominee

кандидат, лицо, выдвинутое на (какую-либо) должность

* for chairmanship

кандидат на должность председателя

## non-committal

* discussion, talks

обсуждение (переговоры), в ходе которых стороны не связывают себя обязательствами

* reply

уклончивый (ни к чему не обязывающий) ответ

## non-compliance

* with agreements, conditions

невыполнение (несоблюдение) соглашений, условий

## non-member

*s of the Council

государства, не являющиеся членами Совета

| | |
|---|---|
| * States | государства, не входящие в (данную) международную организацию |
| non-permanent members of the SC | непостоянные члены СБ (см. composition of the SC) |
| non-recorded vote | голосование, не заносимое в отчет (см. voting) |
| nonvoter | неголосовавший; не явившийся на выборы |
| **note** | |
| to speak without *s | выступать без всяких записей |
| * of the Secretary - General | памятная записка Генерального секретаря |
| exchange of *s | обмен нотами |
| to * smth. = to take * of | принимать что-либо к сведению |
| **notice** | |
| formal * | официальное уведомление (предупреждение) |
| until (till) further * | впредь до дальнейшего уведомления |
| to call a meeting at short * | созвать заседание незамедлительно, по первому требованию |
| to be below (beneath) * | не заслуживать внимания |
| to come (to fall) under smb's * | привлечь к себе внимание |
| to escape * | ускользнуть от внимания, оказаться упущенным из виду |
| **notification** | извещение, сообщение; нотификация |

*notification of sessions*

The Secretary - General notifies the Members of the UN at least sixty days in advance of the opening of a regular session, at least fourteen days in advance of the opening of a special session convened at the request of the SC, and at least ten days in advance in the case of a session convened at the request of a majority of the Members. In the case of an emergency special session the Secretary - General notifies Members at least twelve hours before the opening of the session.

**null**

to render *

* and void

to nullify the voting

**nutshell**

in a *

to put smth. in a *

уведомление о созыве сессий

Генеральный секретарь уведомляет членов ООН об открытии очередной сессии не менее чем за шестьдесят дней, не менее чем за четырнадцать дней об открытии специальной сессии, созываемой по требованию СБ, и не менее чем за десять дней , если сессия созывается по требованию большинства членов Организации.В случае созыва чрезвычайной специальной сессии Генеральный секретарь уведомляет членов Организации об открытии сессии не менее чем за двенадцать часов.

аннулировать; свести на нет

не имеющий законной силы, изначально недействительный (см. void)

объявить результаты голосования недействительными

кратко, в двух словах

изложить что-либо очень кратко; резюмировать

# O

**oath**

* of office

to take the *

присяга при вступлении в должность

приносить присягу

| | |
|---|---|
| to put smb. on * | приводить кого-либо к присяге |

**obscure**

| | |
|---|---|
| * explanation | невразумительное объяснение |
| * wording | неясная, туманная, расплывчатая формулировка |

**observe**

| | |
|---|---|
| to * rules, regulations | соблюдать правила, придерживаться правил |
| to * silence | хранить молчание |
| observer status | статус наблюдателя |

**obstruct**

| | |
|---|---|
| to * a decision | препятствовать принятию решения, блокировать решение |
| policy of *ion | политика препятствий и помех, обструкционистская политика |

**occasion**

| | |
|---|---|
| * of dispute | причина спора |
| to have * for protest | иметь основания для протеста |
| to give * to | послужить основанием для... |
| not the real cause but merely the * | не настоящая причина, а только повод |
| to be equal to the * | оказаться на высоте положения |

**odds**

| | |
|---|---|
| to win the election by considerable * | пройти на выборах со значительным перевесом |

| | |
|---|---|
| against heavy * | против значительного превосходства; в исключительно неблагоприятных условиях |
| to be at * with | резко расходиться во взглядах, быть не в ладах; не соответствовать |

**offhand**

| | |
|---|---|
| to speak (to act) * | вступать, действовать без подготовки (экспромтом) |
| an * remark | замечание по ходу дела |

**office**

| | |
|---|---|
| to take (to enter upon) * | вступить в должность |
| to hold * | занимать должность (пост) |
| term of * | срок полномочий (пребывания в должности) |

**officer**  должностное лицо

Officers of the GA are a President and twenty-one Vice - Presidents. In the Main Committees they are a Chairman, two Vice - Chairmen and a Rapporteur. In the case of other committees, each elects a Chairman, one or more Vice - Chairmen and a Rapporteur.

Должностными лицами ГА являются Председатель и двадцать один заместитель Председателя. В Главных комитетах ими являются Председатель, два заместителя Председателя и докладчик. Другие комитеты избирают Председателя, одного или несколько заместителей Председателя и докладчика.

| | |
|---|---|
| presiding * | председатель, председательствующий |
| **omnibus resolution** | общая резолюция по ряду вопросов |

**open**

| | |
|---|---|
| * ballot | открытое голосование |
| in * Court (ICJ) | в открытом судебном заседании (МС) |

| | |
|---|---|
| * question | открытый (нерешенный) вопрос |
| to leave a matter * | оставить вопрос открытым |
| open-ended group | группа открытого состава |

**opening**

| | |
|---|---|
| * meeting | первое заседание |
| * address (remarks) | вступительное слово, заявление (при открытии сессии, конференции, заседания) |
| * words | начальные, вступительные слова (в документе) |

**operative**

| | |
|---|---|
| * part of a resolution (as distinguished from its preambular paragraphs) | постановляющая часть резолюции (в отличие от пунктов ее преамбулы) |
| * paragraph 3 | пункт 3 постановляющей части |
| to become * | вступать (входить) в силу |
| * motive | побудительный мотив |

**opinion**

| | |
|---|---|
| dissenting * (ICJ) | особое мнение (МС) |
| expert * | заключение специалиста, экспертиза |
| to have the courage of one's *s | открыто защищать свои убеждения |
| to act up to one's *s | поступать согласно своим убеждениям |
| a matter of * | спорный вопрос |

| | |
|---|---|
| *advisory opinion (ICJ)* | консультативное заключение (МС) |

Apart from considering contentious cases the ICJ is empowered to hand down advisory opinions, i.e. to state its opinion on any legal matter at the request of the GA, the SC, the ECOSOC and some specialized agencies. In principle advisory opinions of the ICJ are in the nature of a recommendation, but they may acquire binding force for the requesting organ. Questions upon which the advisory opinion of the Court are asked are to be laid before the Court by means of a written request containing an exact statement of the question upon which an opinion is required, and accompanied by all documents likely to throw light upon the question. After due deliberations held in private the ICJ delivers its opinion in open court.

Помимо рассмотрения спорных дел МС правомочен давать консультативные заключения, т.е. излагать свое суждение по любому правовому вопросу по запросу ГА, СБ, ЭКОСОС и некоторых специализированных учреждений. В принципе консультативные заключения МС носят рекомендательный характер, но они могут становиться обязательными для запрашивающего органа. Вопросы, по которым испрашивается консультативное заключение Суда, представляются Суду в письменном заявлении, содержащем точное изложение вопроса, по которому требуется заключение; к нему прилагаются все документы, могущие послужить к разъяснению вопроса. После надлежащих совещаний, проводимых при закрытых дверях, МС выносит свое заключение в открытом судебном заседании.

**oppose**

| | |
|---|---|
| to * a resolution | выступать против резолюции |
| to be *ed to smth. | быть (возражать) против чего-либо |
| opposing parties | спорящие (противостоящие друг другу) стороны |
| to hold opposite opinions | придерживаться противоположных взглядов |

**optional**

| | |
|---|---|
| * provisions, clauses | факультативные (необязательные) положения, статьи |

\* protocol

i.e. a separate instrument attached to a convention and, as a rule, concerning settlement of disputes arising out of application or interpretation of the convention. Like the convention itself it is subject to signature and ratification.

факультативный протокол

т.е. отдельный документ, прилагаемый к конвенции и как правило касающийся разрешения споров, возникающих в связи с применением или толкованием конвенции. Подобно самой конвенции он подлежит подписанию и ратификации.

**oral**

\* amendment

устная поправка

draft resolution as \*ly amended

проект резолюции с внесёнными в него устными поправками

the amendment as \*ly revised by its sponsor

поправка с устными изменениями, внесёнными её автором

**order**

to be in \*

быть правомочным, правомерным, приемлемым с точки зрения процедуры, уместным, соответствовать правилам процедуры

to be out of \*

быть неправомерным, неуместным; противоречить правилам процедуры; не относиться к делу

to proclaim (to declare) a statement out of \*

объявить о неправомерности заявления, квалифицировать заявление как не имеющее отношения к делу

| | |
|---|---|
| to rule out of * | лишить слова |
| to call a speaker to * | призвать оратора к порядку |

The presiding officer may call the speaker to order if the latter in some way or other violates the rules of procedure (e.g. if he rises to a point of order but speaks on the substance of the matter, if he exceeds the time-limit etc.)

Председатель может призвать выступающего к порядку, если последний тем или иным образом нарушает правила процедуры (например, если он берет слово по порядку ведения заседания, но говорит по существу вопроса, если он превышает установленный регламент и.т.д.)

| | |
|---|---|
| to call the meeting to * | открыть заседание (амер.) |
| President:" I call the distinguished representatives to order." | Председатель:"Прошу уважаемых представителей занять свои места" |
| to speak on a point of * | выступать по порядку ведения заседания (см. point of order) |
| breach of * | нарушение регламента, правил процедуры |
| * of priority (precedence) | порядок очередности |
| * of procedural motions | порядок (очередность) рассмотрения предложений процедурного характера (см. procedurel motions) |
| * of business | порядок работы; повестка дня |
| **original** | |
| * amendment | поправка в ее первоначальной формулировке |
| * draft resolution | первоначальный проект резолюции (см. draft resolution) |
| * Members of the UN | первоначальные члены ООН (см. founding members) |
| * text, document | подлинный текст, документ |

**outgoing**

| | |
|---|---|
| * Members of the Council | выбывающие члены Совета; члены Совета, полномочия которых истекают |
| * Chairman | выбывающий (покидающий свой пост) Председатель |

**outright**

| | |
|---|---|
| to give an * denial | категорически отрицать что-либо |
| to state one's opinion * | высказать свое мнение раз навсегда |

**outspoken**

| | |
|---|---|
| to be * in one's remarks | быть откровенным в своих замечаниях |
| * criticism | честная, прямая, откровенная критика |

**outstanding issues**    нерешенные вопросы, неурегулированные проблемы

**outvote**

| | |
|---|---|
| to * smb. | получить перевес голосов; забаллотировать кого-либо |
| to be *ed | оказаться в меньшинстве при голосовании, потерпеть поражение на выборах |

The Great Powers refused to accept a system of voting in the SC in which they might be outvoted.

Великие державы отказались согласиться с такой системой голосования в СБ, при которой решения принимались бы против их воли.

**overrule**

| | |
|---|---|
| to * an objection | отклонять (отвергать) возражение |
| to * a decision | считать недействительным (отменять) решение |

# P

**package**

\* proposal, solution — комплексное предложение, решение

\* deal approach — "пакетный" подход

i.e. when all the elements of an agreement or a convention are to be approved or put into effect as an indivisible whole. — т.е. когда все положения соглашения или конвенции подлежат одобрению или вводятся в действие как неделимое целое.

**panel**

\* discussion — обсуждение вопроса группой специалистов

\* meeting — совещание специалистов

to be on the \* — быть в списке

**parent body** — вышестоящий орган

**parry**

to \* a question — уклоняться от ответа, отвечать вопросом на вопрос, парировать вопрос

**particular**

to go into \*s — вдаваться в подробности

without entering into \*s — не вдаваясь в подробности

to be \* in one's speech — тщательно подбирать выражения; следить за своей речью

**party**

\* to a dispute — сторона в споре

\* to a treaty — участник договора

contracting parties — договаривающиеся стороны

adverse \* — противная сторона

**pass**

| | |
|---|---|
| to * a resolution | принимать резолюцию |
| the bill *ed the committee | законопроект прошел через комитет |
| to * an opinion on (upon) smth. | высказывать мнение по поводу чего-либо |
| *ing reference | случайное упоминание |
| *ing remark | беглое замечание |

**pending**

| | |
|---|---|
| * question | нерешенный вопрос; вопрос, находящийся на рассмотрении |
| the questions left * | вопросы, остающиеся открытыми (нерешенными) |
| the case is still * (ICJ) | разбирательство этого дела еще не завершено (МС) |
| "Six contentious cases and one advisory case are at present * in the ICJ". | "В настоящее время на рассмотрении МС находятся шесть дел по спорам и одно дело, требующее консультативного заключения." |
| * a final decision | до вынесения окончательного решения |

**peremptory**

| | |
|---|---|
| couched in * terms | составленный в категорических выражениях |
| * norms | императивные нормы |

**performance**

| | |
|---|---|
| * of a treaty | выполнение договора |
| non-performing State | государство, не соблюдающее договор |

**plenipotentiary** — полномочный представитель

**point**

| | |
|---|---|
| * at issue | спорный вопрос; рассматриваемый вопрос |
| a case in * | дело, относящееся к данному вопросу |
| to come to the * | дойти до главного (до сути дела) |
| off (away from, beside) the * | не по существу, не на тему, некстати |
| to make a * of smth. | обратить особое внимание на что-либо, особо подчеркнуть |
| * of drafting | вопрос (момент) редакционного характера |
| * of reference (of departure) | исходная, отправная точка (позиция) |
| * of substance | вопрос по существу |
| to score debating *s | набирать очки в споре |
| *ed remark | критическое, резкое замечание |
| *ed reference | уточняющая (преследующая определенную цель) ссылка |
| to make a *ed reference to... | особо отметить, отличить |
| **point of order** | вопрос, касающийся порядка ведения заседания; выступление по порядку ведения заседания |
| to constitute a * | относиться к порядку ведения заседания; представлять собой выступление по порядку ведения заседания |

| | |
|---|---|
| to raise a * | поднимать вопрос по порядку ведения заседания |
| to rise to a * | взять слово, выступить по порядку ведения заседания |
| "Point of order, Mr. President!" | "Г-н Председатель, прошу слово по порядку ведения заседания" |

*Concept of a point of order.* — понятие выступления по порядку ведения заседания

A point of order is an intervention directed to the presiding officer, requesting him to make use of some power inherent in his office or specifically given to him under the rules of procedure. It may, for example, relate to the manner in which the debate is conducted, to the maintenance of order, the observance of the rules of procedure etc. Under a point of order, representatives are enabled to direct the attention of the presiding officer to violations or misapplications of the rules by other representatives or by the presiding officer himself. The point of order thus raised must be immediately decided by the President in accordance with the rules of procedure. A representative may appeal against the ruling of the President. The appeal should be immediately put to the vote, and the President's ruling shall stand unless overruled by a majority of the members present and voting. No new point of order may be raised until the previous one and any appeal arising therefrom have been disposed of.

Выступление по порядку ведения заседания представляет собой обращение к председателю, предлагающее ему воспользоваться полномочиями, присущими его функциям или определенно предоставленными ему в соответствии с правилами процедуры. Такое выступление может, например, касаться ведения прений, поддержания порядка, соблюдения правил процедуры и т.д. Беря слово по порядку ведения заседания, представители могут обратить внимание председателя на нарушение или ошибочное применение правил другими представителями или самим председателем. Поднятый таким образом вопрос немедленно решается председателем в соответствии с правилами процедуры. Любой представитель может опротестовать постановление председателя. Протест должен быть немедленно поставлен на голосование, и постановление Председателя остается в силе, если оно не будет отклонено большинством присутствующих и участвующих в голосовании членов. Нельзя поднимать какой-либо новый вопрос по порядку ведения заседания, пока не будет принято решение по предыдущему и по любому опротестованию, которое может за ним последовать

Points of order in this sense of the word are distinct from the procedural motions (such as proposals to suspend or to adjourn the meeting, to close the debate etc.) which can be decided only by a vote and on which more than one motion may be entertained at the same time. They are also distinct from requests for information or clarification, or from remarks relating to material arrangements, documents, translations etc., which - while they may have to be dealt with by the presiding officer - do not require rulings from him. However, in established practice, a representative intending to submit a procedural motion or to seek information or clarification often rises to "a point of order" as a means of immediately obtaining the floor.

A representative rising to a point of order may not speak on the substance of the matter under discussion. Consequently, the purely procedural nature of points of order calls for brevity. The presiding officer is responsible for ensuring that statements made on a point of order are in conformity with the above provisions.

Points of order have absolute precedence over any other matter, including procedural motions.

Выступления по порядку ведения заседания в указанном смысле этого слова отличаются от предложений процедурного характера (как, например, предложений прервать или закрыть заседание, прекратить прения и т.д.), решение по которым может быть принято только путем голосования и при которых несколько предложений могут обсуждаться одновременно. Выступления по порядку ведения заседания отличаются также от выступления с просьбой о предоставлении информации или разъяснения и от замечаний, касающихся технических условий, документации, переводов и т.п., которые, если председатель может урегулировать эти проблемы, не требуют принятия им формального решения. Тем не менее по установившейся практике, представитель, желающий внести предложение процедурного характера или запросить информацию или пояснения, часто просит слово "по порядку ведения заседания" для того, чтобы немедленно получить возможность выступить.

Представитель, выступающий по порядку ведения заседания, не может в своем выступлении говорить по существу обсуждаемого вопроса. В связи с этим чисто процедурный характер выступлений по порядку ведения заседания требует краткости изложения. Председатель обязан обеспечить, чтобы выступления по порядку ведения заседания соответствовали вышеуказанным положениям.

Выступления по порядку ведения заседания обладают абсолютным приоритетом перед всеми остальными вопросами, в том числе и перед предложениями процедурного характера.

**policy**

| | |
|---|---|
| long-range * | политика дальнего прицела |
| wait-and-see * | выжидательная политика |
| give-and-take * | политика взаимных уступок |
| * measures | программные мероприятия |
| a matter of * | принципиальный вопрос |
| * considerations | политические (принципиальные) соображения |
| * options | альтернативные варианты политики |
| to co-ordinate policies | координировать (согласовывать) политические курсы |
| *-making organs | директивные органы |
| *-making position (post) | руководящая должность |

**positive**

| | |
|---|---|
| * information | достоверные сведения |
| * criticism | конструктивная критика |

**precedence**

| | |
|---|---|
| to take * of (over) | обладать приоритетом по сравнению с...; подлежать рассмотрению в первую очередь |

**135**

| | |
|---|---|
| in the order of * | в порядке очередности |
| to accord * | предоставить слово вне очереди |

The Chairman and the Rapporteur of a committee or subcommittee may be accorded precedence for the purpose of explaining the conclusions arrived at by their committee or subcommittee. The Secretary - General, or a member of the Secretariat designated by him as his representative, also may at any time make either oral or written statements to the GA (a committee) concerning any question under consideration. Precedence is likewise accorded to interventions on a point of order and on procedural matters.

Председателю и докладчику какого-либо комитета или подкомитета может быть предоставлено слово вне очереди для разъяснения заключений, к которым пришел их комитет или подкомитет. Генеральный секретарь или назначенный им в качестве своего представителя сотрудник Секретариата также может в любое время сделать в ГА (в комитете) устное или письменное заявление, касающееся любого рассматриваемого вопроса. Аналогичным образом, слово вне очереди педоставляется в связи с выступлениями по порядку ведения заседания и по процедурным вопросам.

**preconceive** — заранее составлять себе мнение

**\*ed notion (opinion)** — предвзятое мнение

**preliminary**

\* report, list , summary record — предварительный доклад, перечень, краткий отчет

preliminaries — предварительные переговоры; прелиминарии

\* to a conference — предварительные переговоры перед совещанием (конференцией)

| President | Председатель (главных органов ООН: ГА, СБ, ЭКОСОС, Совета по Опеке и МС; также на международных конференциях) (ср. chairman) |
|---|---|
| President of the GA is elected at the beginning of each regular session and holds office until the close of the session at which he is elected. He also presides over special and emergency special sessions which may be held until the opening of the next regular session. To ensure equitable geographical representation the presidency of the Assembly rotates each year among five groups of States: African, Asian, East European, Latin American, and Western European and other States. The President, in the exercise of his functions, remains under the authority of the GA. The President, or a Vice - President acting as President, shall not vote but shall designate another member of his delegation to vote in his place. Presidency in the SC is held in turn by the members of the Council in the English alphabetical order of their names. Each President holds office for one calendar mouth. | Председатель ГА избирается в начале каждой очередной сессии и выполняет свои обязанности до конца сессии, на которой он был избран. Он также председательствует на специальных и чрезвычайных специальных сессиях, которые могут проводиться до следующей очередной сессии. В целях обеспечения справедливого географического представительства пост Председателя Ассамблеи занимают ежегодно поочередно представители пяти групп государств: африканских, азиатских, восточноевропейских, западноевропейских и других государств. При исполнении своих функций Председатель подчиняется ГА. Председатель или заместитель Председателя, исполняющий обязанности Председателя, не участвует в голосовании, а поручает другому члену своей делегации голосовать вместо него. Председательствование в СБ осуществляется членами Совета поочередно в английском алфавитном порядке их наименований. Каждый Председатель занимает эту должность в течение одного календарного месяца |
| Vice - President | заместитель Председателя; Вице-Председатель (в МС) |
| Acting President | исполняющий обязанности Председателя |
| If the President finds it necessary to be absent during a meeting or any part thereof, he shall designate one of the Vice - Presidents to take his place. | Если Председатель считает необходимым не присутствовать на заседании или на части заседания, он назначает на свое место одного из заместителей. |

**137**

| | |
|---|---|
| A Vice - President acting as President has the same powers and duties as the President. | Заместитель Председателя, исполняющий обязанности Председателя, имеет те же права и обязанности, что и Председатель. |

## Temporary President
## временный Председатель

At the opening of each session of the GA, the chairman of that delegation from which the President of the previous session was elected shall preside until the Assembly has elected a President for the session.

При открытии каждой сесии ГА функции Председателя до избрания Ассамблеей Председателя данной сессии исполняет глава той делегации, из состава которой был избран Председатель предыдущей сессии Ассамблеи.

**press**

to * the point — настаивать на чем-либо

to * amendments to a vote — настаивать на голосовании поправок

to * for a draft resolution — добиваться принятия проекта резолюции

to * one's opinion on smb. — навязывать кому-либо свое мнение

**prevail**

In the event of a conflict between the obligations of the Member States under the UN Charter and their obligations under any other international agreement, their obligations under the Charter prevail.

В том случае, когда обязательства государств членов по Уставу ООН окажутся в противоречии с их обязательствами по какому-либо другому международному соглашению, преимущественную силу имеют обязательства по Уставу.

to * upon (on) — убедить, уговорить

*ing opinion — распространенное, господствующее мнение

**principal organs** — главные органы

The * of the UN are the following: the General Assembly (GA), the Security Council (SC), the Economic and Social Council (ECOSOC), the Trusteeship Council, the International Court of Justice (ICJ) and the Secretariat.

Главными органами ООН являются следующие: Генеральная Ассамблея (ГА), Совет Безопасности (СБ), Экономический и Социальный Совет (ЭКОСОС), Совет по Опеке, Международный Суд (МС) и Секретариат.

**priority**

| | |
|---|---|
| order of * | порядок очередности |
| to accord (to give) high (top) * | рассмотреть в первоочередном порядке; считать первоочердным вопросом |
| to give lower * | отодвинуть на задний план; рассмотреть (сделать) что-либо не в первую очередь |

**private**

| | |
|---|---|
| * meeting | закрытое заседание (см. meeting) |
| * negotiations | неофициальные (закрытые) переговоры |
| to consider smth. in * | рассмотреть что-либо на закрытом заседании, "при закрытых дверях" |
| *ly made observations | замечания, высказанные неофициально (в неофициальном порядке) |

**pro and con**

| | |
|---|---|
| to argue the matter * | обсуждать вопрос, приводя все доводы "за" и "против" |
| to weigh (to consider) all the pros and cons | взвесить все доводы "за" и "против" |

**procedural motions** — предложения процедурного характера (предложения по процедурным вопросам)

Procedural motions include e.g. motions to adjourn the meeting or the debate, to close the list of speakers, to give priority to a draft resolution, to put a proposal or an amendment to a separate vote etc.

Предложения процедурного характера включают, например, предложения закрыть заседание или прервать прения, прекратить запись ораторов, поставить на голосование в первоочередном порядке тот или иной проект резолюции, поставить на раздельное голосование предложение или поправки и т.д.

| | |
|---|---|
| Procedural motions, as distinguished form points of order in the proper sense of the word, do not require any ruling from the presiding officer and decisions on them are taken by voting. More than one procedural motion may be entertained at the same time and in this case such motions have precedence in the following order over all other proposals or motions before the meeting (with the exception of points of order): to suspend the meeting; to adjourn the meeting; to adjourn the debate on the item under discussion; to close the debate on the item under discussion. Procedural motions should be made by delegations from their seats. | Предложения процедурного характера, в отличие от вопросов по порядку ведения заседания в собственном смысле этого слова, не требуют никакого постановления Председателя и решение по ним принимаются путем голосования. Два или более процедурных предложений могут рассматриваться одновременно, и в этом случае устанавливается следующий порядок очередности таких предложений перед всеми остальными рассматриваемыми предложениями (за исключением вопросов по порядку ведения заседания): о перерыве в работе заседания; о закрытии заседания; о перерыве в прениях по обсуждаемому пункту; о прекращении прений по обсуждаемому пункту. Выступления по внесению процедурных предложений осуществляются делегациями с места. |

## procedure

| | |
|---|---|
| appropriate (proper) * | уместная, надлежащая процедура; установленный порядок |
| election * | порядок, процедура выборов (см. election) |
| orderly * | упорядоченная процедура |
| matter (point) of * | процедурный вопрос (момент) |
| *s of the Committee | процедурная сторона работы Комитета; методы работы Комитета |
| streamlining the *s of the GA | рационализация (усовершенствование) методов работы ГА |
| ways and * | пути и методы |
| rules of * | правила процедуры; правила судопроизводства (МС) |

by summary * (ICJ)     в порядке упрощенного судопроизводства (МС)

**proceed**

* to a vote     приступить (перейти) к голосованию

* with a discussion     продолжить обсуждение

* to the next business of the day (agenda item)     перейти к следующему пункту повестки дня

**proceedings**     работа; заседание; производство (дела); (судебные) протоколы

co-ordination of the * of the Main Committees     координация работы Главных комитетов

written and oral * (ICJ)     письменное и устное судопроизводство (МС)

**progress**

negotiations are in *     ведутся переговоры

to review the * of the GA     рассматривать ход работы ГА

* report     доклад о ходе работы, о достигнутых результатах, периодический доклад

**proliferation**

* of amendments     факт появления большого количества поправок

* of documentation     чрезмерное увеличение объема документации

**prolongation**     пролонгация

i.e. extention of the term of operation of a treaty for a fixed or indefinite period of time under a special agreement between the parties made out in a protocol, through an exchange of notes or otherwise.     то есть продление срока действия международного договора на определенный или неопределенный период времени по специальному соглашению участников договора, оформленному протоколом, обменом нотами или иным образом

Automatic prolongation takes place when it is provided in the treaty that it continues to be in force after its expiration, unless any of its parties declares its intention to the contrary within the time-limit set in the treaty.

Автоматическая пролонгация имеет место, когда договором предусмотрено, что он продолжает оставаться в силе после истечения срока его действия, если только какой-либо из участников не заявит о своем отказе от него в срок, установленный договором.

## provisional

\* agenda

предварительная повестка дня (см.agenda)

\* admission to a session

временное участие в работе сессии

Any representative to whose admission a Member has made objection shall be seated provisionally with the same rights as other representatives until the Credentials Committee has reported and the GA has given its decision.

Любой представитель, против участия которого возражает кто-либо из членов Организации, временно заседает с такими же правами, как и другие представители, пока Комитет по проверке полномочий не представит доклада и пока ГА не примет соответствующего решения.

\* rules of procedure of the SC

временные правила процедуры СБ

i.e. rules adopted by the SC at its first meeting in 1946 and with some amendments still operative.

т.е. правила, которые были приняты СБ на его первом заседании в 1946 году и которые с некоторыми поправками до сих пор применяются.

## proximity talks

непрямые переговоры

i.e. talks when a mediator (e.g. a personal representative of the Secretary-General) meets separately with representatives of both parties to a dispute who sit in the adjoining premises.

т.е. переговоры, при которых посредник (например, личный представитель Генерального секретаря) встречается по отдельности с представителями сторон в споре, которые находятся в соседних помещениях.

## public

\* meeting

открытое заседание (см. meeting)

| | |
|---|---|
| to consider an agenda item in * | рассмотреть пункт повестки дня на открытом заседании |
| to make * | предать гласности; объявить |

# Q

**qualification**

| | |
|---|---|
| *s for membership | данные, необходимые для избрания в члены; требования, предъявляемые к членству |
| without any * | без каких-либо оговорок, безоговорочно |
| to possess the *s required | отвечать всем предъявляемым требованиям |

**qualified**

| | |
|---|---|
| to be * for admission to membership in the UN | отвечать требованиям, предъявляемым к членам ООН |
| to be * for an office | быть пригодным для занятия должности, соответствовать занимаемой должности |
| * majority | квалифицированное большинство (см. majority) |
| * representatives | должным образом уполномоченные представители |
| * as a voter (for the vote) | получивший (имеющий) право голоса |
| * acceptance (approval) | одобрение с оговоркой, частичное одобрение |

| | |
|---|---|
| qualifying reference | уточняющая ссылка |

**question**

| | |
|---|---|
| to speak to the * | выступать (говорить) по существу |
| to come into * | стать предметом обсуждения |
| to call smth. * into | подвергать что-либо сомнению; возражать против чего-либо |
| the * of the day (of the hour) | наиболее актуальный (злободневный) вопрос |
| moot (vexed) * | спорный (остро дебатируемый) вопрос |
| leading * | главный вопрос (обсуждения); наводящий вопрос |
| * and answer period | время, отведенное на вопросы и ответы |

**quorum** — кворум

The President (Chairman) may declare a meeting open and permit the debate to proceed when at least one third of the members of the GA (a Main Committee) are present. The presence of a majority of the members is required for any decision to be taken. In the ECOSOC a majority of the members of the Council constitutes a quorum. In the ICJ a quorum of nine judges suffices to constitute the Court (the total number of the members of the ICJ is 15).

Председатель может объявить заседание открытым и разрешить проведение прений, если присутствует по крайней мере одна треть членов ГА (главных комитетов). Для принятия любого решения требуется присутствие большинства членов. В ЭКОСОС кворум составляет большинство членов Совета. В МС кворум в девять судей достаточен для образования судебного присутствия (общее число членов МС-15).

# R

## Rapporteur

one of the officers of a committee (commission) whose task is to compile and to present reports to the parent body (in case of the Main Committees - to the GA).

## ratification

Ratification is one of the means of expressing consent of a State to be bound by a treaty and constitutes a final approval by the highest organ of the State power of the treaty already signed on behalf of that State by its representative. Ratification is made out in a formal act and also in a special document called an instrument of ratification in which the State declares that it shall abide by the treaty. The instrument of ratification is signed by the Head of a State or of a government and made under the State seal. In case of a multilateral treaty an instrument of ratification is deposited with a depository. In case of a bilateral treaty an exchange of instruments of ratification takes place which constitutes a final stage of concluding a treaty. Refusal to ratify a treaty does not constitute a breach of international law and is left to the discretion of the State concerned, although international pressure may be brought to bear on the State to compel it to ratify a treaty.

## докладчик

один из должностных лиц комитета (комиссии), чья задача составлять и представлять доклады вышестоящему органу (в отношении Главных комитетов-ГА).

## ратификация

Ратификация является одним из способов выражения согласия государства на обязательность международного договора и представляет собой окончательное утверждение высшим органом государственной власти договора, уже подписанного от имени этого государства его представителем. Ратификация оформляется официальным актом, а также специальным документом, именуемым ратификационной грамотой, в которой государство объявляет, что оно будет соблюдать данный договор. Ратификционная грамота подписывается главой государства или главой правительства и на ней ставится гос. печать. В случае ратификации многостороннего договора ратификационная грамота сдается на хранение депозитарию. В случае двухстороннего договора происходит обмен ратификационными грамотами, что представляет собой окончательный этап заключения международного договора. Отказ от ратификации не считается нарушением международного права и оставляется на усмотрение соответствующего государства, хотя на это государство может быть оказано международное давление с целью побудить его ратифицировать тот или иной договор (см. также acceptance of treaties).

**recess**

to * a meeting — объявить перерыв в заседании

to * talks — прервать переговоры

to * for deliberations — удалиться на совещание

**reconcile**

to * the parties to a dispute — примирить стороны в споре

to * differences — урегулировать, устранить разногласия

to * opposite points of view — примирить (сблизить) противоположные точки зрения

to * the two draft resolutions — устранить расхождения между двумя проектами резолюций; согласовать два проекта резолюции

to * the contraries — примирить противоположности; совместить несовместимое

**reconsideration of proposals** — повторное рассмотрение предложений

When a proposal has been adopted or rejected, it may not be reconsidered at the same session unless the GA (a committee), by a two-thirds majority of the members present and voting, so decides. — После того как предложение было принято или отклонено, оно не может рассматриваться вновь на той же сессии иначе как по соответствующему решению ГА (комитета), принятому большинством в две трети присутствующих и участвующих в голосовании членов.

**reconvene** — вновь созывать (сессию); возобновлять (переговоры)

**record**

to place (to put) on * — официально заявить, заявить в официальном порядке; занести в протокол

| | |
|---|---|
| off the * | не для печати; конфиденциальный; неофициальный (о заявлении) |
| * of attendances | список (регистрация) присутствующих |
| to set the * straight | разъяснить недоразумение; восстановить истинное положение вещей |
| *ed vote | голосование, заносимое в отчет (см. voting) |
| records | отчеты о заседаниях |
| official * | официальные отчеты |
| *summary and verbatim records* | краткие и стенографические отчеты. |

Verbatim records are provided for the meeting of the GA, its First Committee and the SC. Summary records constitute an abridged version of a verbatim record (about one third of its text) and are drawn up for the meetings of the other Main Committees, of the ECOSOC and of some subsidiary organs. No organ can have both verbatim and summary records. The need for summary records of subsidiary organs should be periodically reviewed by the GA which also decides on the use of minutes instead of summary records. Verbatim and summary records are drawn up and published as soon as possible in the official languages of the organ concerned.

Стенографические отчеты предусмотрены для заседаний ГА, ее Первого комитета, а также СБ. Краткие отчеты представляют собой сокращенный стенографический отчет (приблизительно одна треть его текста) и составляются для заседаний других Главных комитетов, ЭКОСОС и некоторых вспомогательных органов. Ни один орган не может одновременно иметь стенографические и краткие отчеты. Необходимость в кратких отчетах вспомогательных органов должна периодически пересматриваться ГА, которая также принимает решение об использовании протоколов вместо кратких отчетов. Стенографические и краткие отчеты составляются и публикуются на официальных языках соответствующего органа в возможно более короткий срок.

| | |
|---|---|
| sound recordings (records) of meetings | магнитофонная запись (звукозапись) заседаний |
| **re-election** | переизбрание |
| **re-eligibility** | право на переизбрание |

**refer**

to * an item to a committee | передать пункт повестки дня на рассмотрение комитета

to * the matter back to a commission | возвращать вопрос в комиссию для повторного рассмотрения

**regular session** | очередная сессия (см. session)

**reintroduce** | вновь (повторно) вносить на рассмотрение

A motion withdrawn by its sponsor may be reintroduced by any Member. | Предложение, снятое его автором, может быть вновь внесено любым членом Организации.

**replacement of the President** | смена Председателя

If the President is unable to perform his functions, a new President is elected for the unexpired term. | Если Председатель не может выполнять своих функций, то на остающийся срок избирается новый Председатель.

**reply**

right of * | право на ответ

to speak in exercise of one's right of * | выступать в порядке осуществления права на ответ

to accord the right of * | предоставить слово для ответа

Every delegation has a right of reply in connection with statements made by other delegations. The right of reply may be accorded even after the list of speakers is closed, if a speech delivered after such closure makes this desirable. | Каждая делегация обладает правом на ответ в связи с заявлениями, сделанными другими делегациями. Слово для ответа может быть предоставлено и после того, как прекращена запись ораторов, если речь, произнесенная после такого прекращения, дает для этого основания.

| | |
|---|---|
| Delegations should exercise their tight of reply at the end of the meeting. The number of interventions in the exercise of the right of reply for any delegation at a given meeting should be limited to two per item. The first intervention in the exercise of the right of reply for any delegation on any item at a given meeting should be limited to ten minutes and the second intervention should be limited to five minutes. Interventions in the exercise of the right of reply should be made by delegations from their seats. | Делегации должны использовать свое право на ответ в конце заседания. Число выступлений в порядке осуществления права на ответ для каждой делегации по одному пункту повестки дня ограничивается двумя выступлениями в ходе одного заседания. Первое выступление в порядке осуществления права на ответ для каждой делегации по любому пункту на каждом заседании ограничивается десятью минутами, а второе-пятью минутами. Выступления при осуществлении права на ответ осуществляются делегациями с места. |

**report**

interim * — промежуточный, предварительный доклад

progress * — доклад о ходе работы, о достигнутых результатах

*ing body — отчитывающийся орган; орган, представляющий доклад

reports procedure — система (порядок) представления докладов

| | |
|---|---|
| When an agenda item is referred to a Main Committee, the GA may not take action on that item until the Committee concerned has reported and submitted a draft resolution. | Если какой-либо пункт повестки дня передается на рассмотрение одного из Главных комитетов, ГА не может принимать решение по этому пункту, пока соответствующий Комитет не представит доклад и проект резолюции. |

**repudiation of a treaty** — отказ от международного договора

| | |
|---|---|
| i.e. its termination not sanctioned by international law. | то есть его прекращение, не допускаемое международным правом (см. termination) |

**to repudiate one's statement** — отказаться от своего заявления, отказаться признать свое заявление

**request**

\* for a division — просьба о проведении раздельного голосования

\* for an early meeting of the SC — требование о срочном созыве заседания СБ

to grant a \* — удовлетворить просьбу

**rescind**

to \* a decision — отменить (аннулировать) решение

to \* a vote — признать результаты голосования недействительными

**reservation** — оговорка

to express (to make, to enter) a \* — высказать, сделать, внести оговорку

without \*s — безоговорочно

an express \* — определенно (явно) выраженная оговорка

\*s clause — положение (постановление, клаузула) об оговорках

*reservations to treaties* — оговорки к международным договорам

A reservation to a treaty means a unilateral statement, however phrased or named, made by a State, when signing, ratifying, accepting, approving or acceding to a treaty, whereby it purports to exclude or to modify the legal effect of certain provisions of the treaty in their application to that State.

Оговорка означает одностороннее заявление в любой формулировке и под любым наименованием, сделанное государством при подписании, ратификации, принятии или утверждении договора или присоединении к нему, посредством которого оно желает исключить или изменить юридическое действие определенных положений договора в их применении к данному государству.

A State may formulate a reservation to a multilateral treaty unless the reservation is prohibited by the treaty, or the reservation is incompatible with the object and purpose of the treaty. A reservation expressly authorized by a treaty does not require any subsequent acceptance by the other contracting States. A reservation to a bilateral treaty constitutes a new proposal which, upon acceptance by the other party, is to be incorporated into the text of the treaty.

Любое государство может сформулировать оговорку к многостороннему договору, за исключением тех случаев, когда данная оговорка запрещается договором или когда оговорка несовместима с объемом и целями договора. Оговорка, которая определенно допускается договором, не требует какого-либо последующего принятия другими договаривающимися государствами. Оговорка к двухстороннему договору представляет собой новое предложение, которое при согласии с ним другого участника, подлежит включению в текст договора.

**reserve**

to * one's position with regard to a question (on a matter) — резервировать свою позицию (свое мнение) по вопросу о (в отношении вопроса)

to * one's right (of reply etc.) — оставлять за собой право (на ответ и т.д.)

to * the subject for future discussion — отложить вопрос для дальнейшего обсуждения

*ing State — государство, сделавшее оговорку

**resolutive condition** — отменительное условие (см. termination of treaties)

**restricted ballot** — ограниченное голосование (см. election)

**restrictive interpretation** — ограничительное толкование (см. interpretetion)

**resubmit** — повторно представлять, вновь вносить на рассмотрение (см. reindroduce)

**resume**

to * the Chair — вновь занять место Председателя

*ed session — возобновленная сессия (см. session)

**retiring**

* members of the SC — выбывающие члены СБ, члены СБ, чьи полномочия истекают

* President — покидающий свой пост Председатель

**retroactivity** — обратная сила, ретроактивность

non-retroactivity of treaties — договоры не имеют обратной силы

Unless a different intention appears from the treaty or is otherwise established, its provisions do not bind a party in relation to any act or fact which took place or any situation which ceased to exist before the date of the entry into force of the treaty with respect to that party. — Если иное намерение не явствует из договора или не установлено иным образом, то положения договора не обязательны для участника договора в отношении любого действия или факта, которые имели место до даты вступления договора в силу для указанного участника, или в отношении любой ситуации, которая перестала существовать до этой даты.

**reverse**

to * a policy — круто изменить политику

to * a trend — обратить вспять тенденцию

to * a decision — отменить, аннулировать решение

to * the effects of... — ликвидировать последствия

**revise**

to * one's opinions — пересмотреть свои взгляды

| | |
|---|---|
| *ed draft resolution | пересмотреть проект резолюции (см. draft resolution) |
| *ed form of a paragraph | пункт в его пересмотренной формулировке |
| formal revision of resolutions | редакционные изменения резолюций, внесение редакционных изменений в резолюции |
| roll-call vote | поименное голосование (см. voting) |
| to request a * | потребовать поставить вопрос на поименное голосование |
| **rostrum** | трибуна |
| non-utilization of the * | отказ от использования трибуны |

Explanations of vote, interventions in the exercise of the right of reply and procedural motions should be made by delegations from their seats (from the floor). | Выступления по мотивам голосования, выступления при осуществлении права на ответ и выступления по внесению процедурных предложений осуществляются делегациями с места.

**rotation**

| | |
|---|---|
| by (in) * | попеременно, по очереди |
| * in office | поочередное пребывание в должности |

The Presidency of the GA rotates each year among the five groups of States. | Пост Председателя в ГА занимают ежегодно поочередно представители пяти групп государств.

**rule**

| | |
|---|---|
| to come under a * | попадать под действие правила |
| to lay down a * | установить правило |
| rigid (hard and fast) *s | строгие, жесткие, твердо установленные правила |
| unanimity * | принцип единогласия (см. voting in the SC) |

| | |
|---|---|
| arbitration and conciliation *s | арбитражный и согласительный регламент |
| The Rules of the ICJ | регламент МС |
| to * on a question | вынести постановление по какому-либо вопросу |
| to * out of order | лишить слова |
| **ruling** | |
| to make a * | вынести постановление; постановить, решить |
| to ask for a * | просить Председаля вынести постановление |
| Chairman's tentative * | предварительное постановление Председателя |
| **rush** | |
| to * a draft resolution through a committee | поспешно провести (протащить) проект резолюции через комитет |
| to *to a conclusion | поспешно делать вывод |

# S

| | |
|---|---|
| **schedule** | |
| * of conferences | расписание конференций |
| * for the consideration of items | график рассмотрения пунктов повестки лня |
| meeting * of the plenary and the Main Committees | график проведения пленарных заседаний и заседаний Главных комитетов |
| a speaker on * for tomorrow's meeting | оратор, чье выступление запланировано на завтрашнее заседание |

**scope**

\* of a resolution (a convention) — сфера применения, круг вопросов, охватываемых резолюцией (конвенцией)

limited in \* — ограниченный по сфере применения, по охвату

within the \* of the Charter — в рамках Устава

to give a broader \* to a term — давать более широкое толкование термину

*territorial scope of treaties* — территориальная сфера действия международных договоров

Unless a different intention appears from the treaty or is otherwise established, a treaty is binding upon each party in respect of its entire territory. — Если иное намерение не явствует из договора или не установлено иным образом, то договор обязателен для каждого участника в отношении всей его территории.

**seat**

the \* of an organ — место пребывания того или иного органа

The seat of the ICJ is established at The Hague. This, however, does not prevent the Court from sitting and exercising its functions elsewhere whenever the Court considers it desirable. — Местопребыванием МС является Гаага. Это, однако, не препятствует Суду заседать и выполнять свои функции в других местах во всех случаях, когда Суд сочтет это желательным.

to \* a delegation in the GA Hall — предоставить место делегации в зале заседаний ГА

seating arrangement of delegations at the conference table — размещение делегаций за столом заседаний конференции

## second

to * a motion

поддержать предложение, присоединиться к предложению

It is not necessary for any motion or draft resolution proposed by a representative on the SC to be seconded before being put to a vote.

Предложение или проект резолюции внесенные каким-либо представителем в СБ, не требуют выступлений в их поддержку перед постановкой на голосование.

## secret ballot

тайное голосование (см. election)

## Secretariat

Секретариат

is one of the principal UN organs composed of about 16000 international civil servants and headed by the Secretary - General, who is appointed by the GA on the recommendation of the SC. It services the other UN organs, administers the programmes adopted by them and carries out the day-to-day work of the UN both at Headquarters in New York and in offices and centers around the world.

является одним из главных органов ООН, состоит из примерно 16000 международных гражданских служащих и возглавляется Генеральным секретарем, который назначается ГА по рекомендации СБ (см. appointment). Секретариат обслуживает другие органы ООН, выполняет принимаемые ими программы и осуществляет повседневную работу ООН как в Центральных учреждениях в Нью-Йорке, так и в отделениях и центрах во всем мире.

## seize

to * the essence of the matter

понять (уловить) самую суть вопроса

to be *ed of a question

рассматривать вопрос

matters of which the SC is *ed

вопросы, находящиеся на рассмотрении СБ

## separate

* opinion (ICJ)

особое мнение (МС)

If the judgement does not represent in whole or in part the unanimous opinion of the judges, any judge is entitled to deliver a separate opinion.

Если решение, в целом или в части не выражает единогласного мнения судей, то каждый судья имеет право представить свое особое мнение.

* vote

раздельное голосование (см. voting)

| | |
|---|---|
| *separability of treaty provisions* | делимость договорных положений |
| A right of a party to denounce, withdraw from or suspend the operation of the treaty may be exercised only with respect to the whole treaty unless the treaty otherwise provides or the parties otherwise agree. In other words no separability (separation) of treaty provisions is usually permitted. | Право участника денонсировать договор, выйти из него или приостановить его действие может быть использовано в отношении только всего договора, если договор не предусматривает иное или если его участники не условились об ином. Другими словами делимость договорных положений обычно не допускается. |

## sequence

| | |
|---|---|
| * of items | последовательность обсуждения пунктов повестки дня |
| * of events | ход событий |

## serve

| | |
|---|---|
| to * on a committee | быть членом комитета, входить в состав комитета |
| to * one's full term of office | отслужить срок полномочий |

## session

| | |
|---|---|
| to be in * | заседать |
| to sit in a continuous * | не прерывать заседания, продолжать заседание без перерыва |
| *regular session* | очередная сессия |
| The GA meets every year in regular session commencing on the third Tuesday in September. The average duration of a regular session is 13 weeks and the session should end before Christmas. If by that time the Assembly is unable to exhaust its agenda, the session is reconvened next year and is called a resumed session. | ГА собирается ежегодно на очередную сессию в третий вторник сентября. Средняя продолжительность очередной сессии составляет 13 недель и сессия должна завершать свою работу до Рождества. Если к этому времени Ассамблея не в состоянии исчерпать свою повестку дня, сессия вновь созывается в следующем году и именуется возобновленной сессией. |

The ECOSOC generally holds two month-long regular sessions each year, one in New York and the other at Geneva. The ICJ remains permanently in session, except during the judicial vacations, the dates and duration of which are fixed by the Court.

*special session*

Special sessions of the GA are as a rule summoned by the Assembly in which case the Assembly fixes a date for such session. Special sessions may also be summoned at a request of the SC, of a majority of the Members of the United Nations or upon concurrence of a majority in the request of any Member. In such case special sessions are convened within fifteen days of the receipt by the Secretary - General of a request for a session from the SC or from a majority of the Members of the United Nations. The provisional agenda for a special session consists only of items proposed for consideration in the request for the holding of the session.

*emergency special session*

Emergency special sessions of the GA are held only when there is a threat to peace, a breach of peace or if an act of aggression is committed and the SC is unable to take a decision because of the lack of unanimity among its permanent members. Such sessions are convened within twenty-four hours of receipt by the Secretary - General of a request for such a session from the SC, on the vote of any nine members thereof, or of a request from a majority of the Members of the United Nations

ЭКОСОС обычно проводит две очередные сессии продолжительностью в один месяц: одну - в Нью-Йорке и другую в Женеве. МС заседает постоянно, за исключением судебных вакаций, сроки и продолжительность которых устанавливаются Судом.

специальная сессия

Специальные сессии ГА как правило созываются Ассамблеей, которая назначает дату созыва такой сессии. Специальные сессии могут также созываться по требованию СБ или по решению большинства членов Организации или если это большинство присоединяется к требованию о созыве со стороны любого члена. В таком случае специальные сессии созываются в течение пятнадцати дней со дня получения Генеральным секретарем требования от СБ или от большинства членов Организации о созыве сессии. В предварительную повестку дня специальной сессии вносятся только те пункты, рассмотрение которых предложено в требовании о созыве специальной сессии.

чрезвычайная специальная сессия

Чрезвычайные специальные сессии ГА проводятся лишь в том случае, если существует угроза миру, произошло нарушение мира или совершен акт агрессии и СБ не в состоянии принять решение из-за отсутствия единодушия среди его постоянных членов. Такие сессии созываются в течение двадцати четырех часов с момента получения Генеральным секретарем требования о созыве такой сессии, поступившего от СБ и поддержанного голосами любых девяти членов

expressed by vote in the Interim Committee or otherwise. The Secretary - General notifies Members about the session at least twelve hours before the opening of the session.

Совета, или требования большинства членов Организации, выраженного путем голосования в Межсессионном комитете, или иным образом. Генеральный секретарь уведомляет членов Организации об открытии сессии не менее чем за двенадцать часов.

*sessional committees*

сессонные комитеты

i.e. committees which sit during sessions of the organ concerned. In the case of the GA they are its Main Committees. In the case of the ECOSOC - Economic (First) Committee, Social (Second) Committee, Programme and Co-ordination (Third) Committee.

т.е. комитеты, которые заседают во время сессий соответствующего органа. В отношении ГА ими являются ее Главные комитеты. В отношении ЭКОСОС - Экономический (Первый) комитет, Социальный (Второй) комитет, Комитет по программе и координации (Третий комитет).

**settlement**

\* of a dispute

урегулирование, разрешение спора

\* of differences

устранение разногласий

terms of \*

условия соглашения (урегулирования)

negotiated \*

урегулирование путем переговоров

amicable \*

решение (вопроса) мирным путем, полюбовное решение (разрешение)

**side**

to \* (take \*s) with smb.

принимать (становиться на) чью-либо сторону

a \* issue

побочный, второстепенный, несущественный вопрос

to side-track a question

уходить от вопроса, уводить обсуждение от существа вопроса

| Specialized agencies | Специализированные учреждения |
|---|---|
| a term used in the UN Charter as referring to intergovernmental agencies that are related to the UN by special agreements and are separate, autonomous organizations which work with the UN and each other through the co-ordination machinery of the ECOSOC. Together with the UN itself they constitute the so-called UN family. They are the following: | Термин, используемый в Уставе ООН и обозначающий межправительственные учреждения, связанные с ООН специальными соглашениями и являющиеся автономными организациями, которые взаимодействуют с ООН и друг с другом через посредство координирующего аппарата ЭКОСОС. Вместе с самой ООН они составляют так называемую систему ООН. Ими являются следующие: |
| International Labour Organization (ILO) | Международная организация труда (МОТ) |
| Food and Agriculture Organization of the United Nations (FAO) | Продовольственная и сельскохозяйственная организация Объединенных Наций (ФАО) |
| United Nations Educational, Scientific and Cultural Organization (UNESCO) | Организация Объединенных Наций по вопросам образования, науки и культуры (ЮНЕСКО) |
| World Health Organization (WHO) | Всемирная организация здравоохранения (ВОЗ) |
| International Civil Aviation Organization (ICAO) | Международная организация гражданской авиации (ИКАО) |
| Universal Postal Union (UPU) | Всемирный почтовый союз (ВПС) |
| International Telecommunication Union (ITU) | Международный союз электросвязи (МСЭ) |
| World Meteorological Organization (WMO) | Всемирная метеорологическая организация (ВМО) |
| International Maritime Organization (IMO) | Международная морская организация (ИМО) |
| World Intellectual Property Organization (WIPO) | Всемирная организация интеллектуальной собственности (ВОИС) |

| | |
|---|---|
| International Fund for Agricultural Development (IFAD) | Международный фонд сельскохозяйственного развития (МФСР) |
| United Nations Industrial Development Organization (UNIDO) | Организация Объединенных Наций по промышленному развитию (ЮНИДО) |
| International Monetary Fund (IMF) | Международный валютный фонд (МВФ) |
| International Bank for Reconstruction and Development (IBRD) | Международный банк реконструкции и развития (МБРР) |
| International Development Association (IDA) | Международная ассоциация развития (МАР) |
| International Finance Corporation (IFC) | Международная финансовая корпорация (МФК) |
| (the last three institutions taken together are often referred to as the World Bank or the World Bank group of institutions) | (последние три учреждения вместе взятые часто именуются Всемирным банком или группой учреждений Всемирного банка) |
| International Atomic Energy Agency (IAEA) | Международное агенство по атомной энергии (МАГАТЭ) |
| (IAEA reports directly to the GA in contradistinction to other agencies which present reports only to ECOSOC) | (МАГАТЭ отчитывается непосредственно перед ГА в отличие от других учреждений, которые представляют доклады только ЭКОСОС) |

**speech**

| | |
|---|---|
| opening (closing) * | вступительное (заключительное) слово; речь при открытии (закрытии) (сессии, конференции) |

**spirit**

| | |
|---|---|
| * of a resolution | основное содержание, направленность резолюции |
| * of a speech | (подлинный) смысл, суть речи |

| | |
|---|---|
| **sponsor** | автор (проекта резолюции) |
| to * a draft resolution | представить, подготовить, разработать проект резолюции |
| to co-sponsor (to join in *ing) | присоединиться к числу авторов, стать одним из авторов |
| **stand** | |
| to take a * for (against) | высказаться за (против) |
| *ing committee | постоянный комитет |
| **standstill** | |
| to come to a * | зайти в тупик (о переговорах и т.д.) |
| * agreement | соглашение о сохранении чего-либо в неизменном виде; соглашение о прекращении боевых действий |
| **statement** | |
| * of fact | констатация факта |
| concise * of the issue | краткое, четкое изложение вопроса |
| **Statute of the ICJ** | Статут МС |
| The * as the principal judicial organ of the Organization forms an integral part of the UN Charter. | Статут МС, главного судебного органа Организации, составляет неотъемлемую часть Устава ООН |
| **steering committee** | руководящий комитет |
| i.e. a committee on procedure or the order of business. Thus, the * of the GA is its General Committee. | т.е. комитет по выработке регламента или порядка ведения заседаний. Так, руководящим комитетом ГА является ее Генеральный комитет. |
| **sub-amendment** | подпоправка, поправка к поправке |
| amendment as *ed | поправка, в которую внесена подпоправка |

6 Санников Н. Г.

**subject-matter**

| | |
|---|---|
| * of a treaty, discussion | предмет договора, дискуссии |
| * of the vote | вопрос, который поставлен на голосование |
| * of an item | содержание пункта; вопросы, затрагиваемые в пункте |

**subject**

| | |
|---|---|
| * to Article 5 | с учетом статьи 5, при соблюдении статьи 5 |
| the treaty is * to ratification | договор подлежит ратификации |
| the treaty is made * to ratification | предусмотрена ратификация договора |
| to sign a treaty * to ratification | подписать договор под условием его ратификации |

**submit**

| | |
|---|---|
| to * a draft resolution | представить, внести на рассмотрение, предложить проект резолюции |
| to * a case to the Court | передать дело на рассмотрение Суда |
| to * to the rules of procedure | подчиниться правилам процедуры |

*submission of draft resolutions and amendments*

представление (внесение) проектов резолюций и поправок

Draft resolutions and amendments are normally submitted in writing to the Secretary - General, who circulates copies to the delegations. As a general rule, no proposal may be discussed or put to the vote at any meeting unless copies of it have been circulated to all delegations not later then the day preceding the meeting.

Проекты резолюций и поправки обычно представляются в письменной форме Генеральному секретарю, который рассылает их делегациям. Как общее правило, ни одно предложение не обсуждается и не ставится на голосование на заседаниях, если оно не было сообщено всем делегациям не позднее чем за день до

The President (Chairman) may, however, permit the discussion and consideration of amendments, or of motions as to procedure, even though such amendments and motions have not been circulated or have only been circulated the same day.

## subsidiary organs

The GA, ECOSOC etc. may establish such subsidiary organs as they deem necessary for the performance of their functions. Thus, the number of subsidiary organs of the GA exceeds 70. The rules relating to the procedure of committees of the GA apply to the procedure of any subsidiary organ unless the Assembly or the subsidiary organ decides otherwise. The GA should review periodically the usefulness of its subsidiary organs.

заседания. Председатель может, однако, разрешить обсуждение или рассмотрение поправок или предложений по вопросам процедурного характера, даже если такие поправки и предложения не были сообщены делегациями или были сообщены им только в день заседания.

## вспомогательные органы

ГА, ЭКОСОС и т.д. могут устанавливать такие вспомогательные органы, которые они считают необходимыми для осуществления своих функций. Так, число вспомогательных органов ГА превышает 70. Правила, относящиеся к процедуре комитетов ГА, применяются к процедуре каждого вспомогательного органа, если только ГА или соответствующий вспомогательный орган не примет иного решения. ГА должна периодически рассматривать вопрос о целесообразности сохранения ее вспомогательных органов.

## substance

to come down to the * of the matter

перейти к существу вопроса

an argument of little *

не очень веский довод

draft resolution emptied of all its *

выхолощенный проект резолюции

## substantive

* questions (as distinguished from procedural ones)

основные вопросы, вопросы по существу (в отличие от процедурных вопросов)

* articles of a convention (as distinguished from its preambular and introductory paragraphs)

основные статьи конвенции (в отличие от пунктов преамбулы и вступительной части)

| | |
|---|---|
| **substitute** | |
| * members | заместители членов, члены-заместители |
| * resolution | резолюция взамен предложенной |
| **summary records** | краткие отчеты (см. records) |
| **summoning of a session** | созыв сессии (см. session) |
| **supplementary agenda items** | дополнительные пункты повестки дня (см. agenda) |
| **suspend** | прерывать, приостанавливать |
| *suspension of the meeting* | перерыв в работе заседания |

During the discussion of any matter, a representative may move the suspension of the meeting. Such motion is not debated but is immediately put to the vote.

Во время обсуждения любого вопроса любой представитель может внести предложение о перерыве заседания. Такое предложение не обсуждается, а немедленно ставится на голосование.

*suspension of the rights and privileges of membership*

приостановление прав и привилегий членов Организации

A Member of the United Nations against which preventive or enforcement action has been taken by the SC may be suspended from the exercise of the rights and privileges of membership by the GA upon the recommendation of the SC. The exercise of these rights and privileges may be restored by the SC. Suspension of rights and privileges of membership belongs to the category of important questions on which decisions of the GA are taken by a two-thirds majority of the members present and voting.

Если против какого-либо члена Организации были предприняты СБ действия превентивного или принудительного характера, ГА имеет право, по рекомендации СБ, приостанавливать осуществление прав и привилегий, принадлежащих ему как члену Организации. Осуществление этих прав и привилегий может быть восстановлено СБ. Приостановление прав и привилегий членов Организации входит в категорию важных вопросов, по которым решения ГА принимаются большинством в две трети присутствующих и участвующих в голосовании членов.

*suspension of the operation of a treaty*

The operation of a treaty in regard to all the parties or to a particular party may be suspended in conformity with the provisions of the treaty, or at any time by consent of all the parties after consultation with the other contracting States. The operation of a bilateral treaty may also be suspended in whole or in part as a result of the material breach of the treaty by the other party.

*suspensive condition*

i.e. the occurrence of an external event provided for in the treaty giving a right to suspend the operation of the treaty.

**symbol**

the * of the UN

*s of UN documents

Symbols of UN documents are composed of capital letters combined with figures. Mention of such a symbol indicates a reference to a UN document: Thus, symbol A/45/C.5/L.15/Rev.2 means "the second revised version of draft 15 (limited distribution) of the Fifth Committee of the 45'th session of the General Assembly".

приостановление действия международного договора

Приостановление действия договора в отношении всех участников или в отношении какого-либо отдельного участника возможно в соответствии с положениями договора или в любое время с согласия всех участников по консультации с прочими договаривающимися государствами. Действие двустороннего договора в целом или в какой-либо его части может быть также приостановлено в результате существенного нарушения такого договора другим его участником.

отлагательное условие

то есть наступление какого-либо внешнего события, которое предусмотрено в договоре и которое дает право приостановить действие этого договора (ср. resolutive condition).

эмблема ООН

условные обозначения (индексы) документов ООН

Условные обозначения документов ООН состоят из прописных букв и цифр. Когда такое обозначение встречается в тексте, оно служит указанием на соответствующий документ ООН. Так, условное обозначение A/45/C.5/L.15/REV.2 означает "второй пересмотренный вариант проекта 15 (ограниченное распространение) Пятого комитета, 45-ой сессии Генеральной Ассамблеи".

# T

**table**

to * a motion — внести, представить предложение;
(англ.) отложить рассмотрение;
(амер.) "положить под сукно"

on the * — обсуждаемый (англ.); отложенный (амер.)

to take off from the * — снять с повестки дня (с обсуждения)

**target-date** — плановая (намеченная, установленная) дата;

**task**

a * in hand — непосредственная, ближайшая задача

* force — оперативная группа; специальная комиссия для решения какого-либо вопроса

**tellers** — счетчики голосов

to appoint * — назначить счетчиков голосов

**term of office (of tenure)** — срок полномочий (пребывания в должности)

to extend (to renew) the * — продлить (возобновить) полномочия

**terms of reference** — круг ведения, полномочия, компетенция

wide (limited) * — широкие (ограниченные) полномочия

to keep within the * — не выходить за рамки полномочий

to be outside the * of a commission — не относиться к компетенции комиссии

to use the declaration as a term of reference

использовать декларацию в качестве отправной точки (основы)

**termination of treaties**

прекращение международных договоров

The termination of a treaty may take place in conformity with the provisions of the treaty or at any time by consent of all the parties after consultation with the other contracting States. It may also be the result of its expiration, or be implied by conclusion of a later treaty relating to the same subject-matter and incompatible with the earlier treaty, or be a consequence of a material breach of the treaty by the other party or parties, or it may take place as a result of an occurrence of an external event provided for in the treaty and called a resolutive condition; it may also be due to a fundamental change of circumstances which has occurred with regard to those existing at the time of the conclusion of a treaty and which was not foreseen by the parties. In all other cases termination of a treaty is to be considered as a breach of international law.

Прекращение договора может иметь место в соответствии с положениями договора или в любое время с согласия всех участников по консультации с прочими договаривающимися государствами. Оно может также быть результатом истечения срока его действия, или вытекать из заключения последующего договора, относящегося к тому же вопросу и несовместимого с предыдущим договором, или являться следствием существенного нарушения договора другим участником или участниками (см. breach, material), или же оно может иметь место в результате наступления какого-либо внешнего события, предусмотренного в договоре и именуемого отменительным условием; оно может также осуществляться вследствие коренного изменения, которое произошло в отношении обстоятельств, существовавших при заключении договора и которое не предвиделось участниками. Во всех других случаях прекращение договора рассматривается как нарушение международного права (см. также canceletion, denunciation, expiration, repudiation, withdrawal)

**thrust**

the * of a resolution

(общая) направленность резолюции

**tie in the vote**

разделение голосов поровну (см. voting, equally divided votes)

**time-limit**

to comply with the suggested *

уложиться в предложенный срок

to extend the * for submission of proposals

*time-limit on speeches*

The average length of speeches during the general debate in the GA is about 30 minutes and although no rigid time-limit is fixed, delegations are expected to ensure that their statements will not be excessively long. In the course of the discussion of a specific item the President may propose to the GA the limitation of the time to be allowed to speakers, and the limitation of the number of times each representative may speak on this item. As to procedural motions, the President may at his discretion limit the time to be allowed to speakers moving, say, adjournment or closure of the debate, suspension or adjournment of the meeting etc. Explanations of vote are limited to ten minutes, the first intervention in the exercise of the right of reply at any given meeting is limited to ten minutes and the second intervention is limited to five minutes. If a representative exceeds the fixed time-limit the President shall call him to order without delay.

In the ECOSOC interventions on procedural matters are limited to a maximum of five minutes. The provisional rules of procedure of the SC provide no time-limit on speeches.

**track**

to follow the * of reasoning (discourse)

to lose the * of smth.

продлить срок представления предложений

регламент (продолжительность) выступлений

Средняя продолжительность выступлений в ходе общих прений в ГА составляет приблизительно 30 минут, и хотя никакого жесткого регламента не установлено, предполагается, что делегации будут избегать чрезмерной продолжительности своих выступлений. При обсуждении какого-либо конкретного пункта Председатель может предложить ГА ограничить время, предоставляемое ораторам и ограничить число выступлений каждого представителя по этому пункту. Что касается предложений процедурного характера, то Председатель может по своему усмотрению ограничить время, предоставляемое ораторам, предлагающим, скажем, прервать или прекратить прения, прервать или закрыть заседание и т.д. Выступления по мотивам голосования ограничиваются десятью минутами, первое выступление в порядке осуществления права на ответ на каждом заседании ограничивается десятью минутами, а второе - пятью минутами. Если представитель превышает установленный регламент, Председатель незамедлительно призывает его к порядку.

В ЭКОСОС максимальная продолжительность выступлений по процедурным вопросам составляет пять минут. Временные правила процедуры СБ не предусматривают никакого регламента выступлений.

следить за ходом рассуждений

потерять нить чего-либо

| | |
|---|---|
| to keep the * of events | быть в курсе событий |
| to be off the * | уклониться от темы |

**treatment**

| | |
|---|---|
| to give a subject full * | всесторонне рассмотреть предмет; дать всестороннюю трактовку предмета |
| * to be accorded to amendments | порядок рассмотрения поправок |
| to single out measures for priority * | выделить меры для обсуждения в первую очередь |

**treaty** — международный договор

| | |
|---|---|
| to enter into a * | заключить договор |
| to renounce (to repudiate) a * | отказаться от договора |
| * obligations | договорные обязательства, взятые по договору обязательства |

*the law of treaties* — право международных договоров

i.e. a body of rules governing conclusion of treaties, entry into force, application, performance, validity, termination of treaties. These rules were codified in the Vienna Convention on the Law of Treaties of 1969.

то есть совокупность норм, регулирующих заключение договоров, вступление в силу, применение, выполнение, действительность, прекращение договоров и т.д. Эти нормы были кодифицированы в Венской конвенции о праве международных договоров 1969 года.

**tripartite**

| | |
|---|---|
| * agreement | трехстороннее соглашение |
| * conference | конференция (совещание) трех держав |

# U

**unbalanced resolution**

i.e. resolution reflecting predominantely one point of view or the position of one party or parties.

несбалансированная резолюция

т.е. резолюция, отражающая преимущественно одну точку зрения или позицию одной стороны или сторон.

**uncalled-for**

\* remark

неуместное замечание

\* measures

ничем не оправданные, ненужные меры

**unchallenged**

to let smth. pass \*

пропустить (оставить) что-либо без возражений

**undealt**

problems still \* with

проблемы, которыми еще никто не занимался; еще нерассмотренные проблемы

**under**

\* the GA resolution

в соответствии с резолюцией ГА

\* agreement

по соглашению

\* the chairmanship of...

под председательством...

\* one's hand and seal

за чьей-либо подписью и печатью

**undersigned**

the \* Plenipotentiaries

нижеподписавшиеся полномочные представители

**understanding**

memorandum of \*

меморандум о взаимопонимании

on this \*

при этом условии

on the * that...  при условии... на том условии, что...

**understatement**  приуменьшение; сдержанное высказывание

**unequivocal**

\* draft resolution, answer  недвусмысленный проект резолюции, ответ

\* refusal  окончательный отказ

**unilateral**

\* declaration  односторонняя декларация

\*ly  в одностороннем порядке

*"Uniting for peace" resolution*  резолюция "Единство в пользу мира"

i.e. resolution adopted by the GA in 1950 under which the Assembly may take action if the SC, because of a lack of unanimity of its permanent members, fails to act in a case where there appears to be a threat to the peace, breach of the peace or act of aggression. The Assembly is empowered to consider the matter immediately with a view to making recommendations to Members for collective measures, including the use of armed force when necessary to maintain or restore international peace and security.  т.е. принятая ГА в 1950 году резолюция, на основании которой Ассамблея может принимать меры, если СБ при наличии угрозы миру, нарушения мира или акта агрессии не в состоянии, из-за отсутствия единства среди его постоянных членов, предпринять действия. Ассамблея уполномочена немедленно рассмотреть соответствующий вопрос, чтобы сделать рекомендации государствам - членам относительно коллективных мер, включая использование вооруженных сил, если это необходимо для поддержания или восстановления международного мира и безопасности.

**universal**

\* organization  универсальная организация

i.e. an organization in which all the States are represented.  т.е. организация, в которой представлены все государства.

\* rule  правило, не имеющее исключений

\* in scope | универсальный (всеобщий) по сфере применения

**unrestricted ballot** | неограниченное голосование (см. election)

**untenable**

\* argument | неубедительный довод

\* position | несостоятельная позиция

**up**

to be \* against a problem | столкнуться с проблемой, оказаться перед лицом проблемы

to be \* for debate | подлежать обсуждению; быть поставленным на обсуждение

the case is \* before the Court | дело слушается в Суде

to be \* to the mark | оказаться на высоте; отвечать требованиям

**up-date**

to \* a report (to bring a report up-to-date) | пересмотреть и дополнить доклад; включить в доклад самые последние данные

**uphold**

to \* a decision | одобрить, поддержать решение

**uppermost**

the \* subject of negotiations | главная (главенствующая) тема переговоров

to be \* in one's mind | больше всего занимать чьи-либо мысли; быть в центре внимания

**up-shot**

the * of negotiations — результаты переговоров; то, к чему привели переговоры

to come to the * — прийти к заключению

**urgent**

* resolution — безотлагательная, экстренная резолюция; резолюция, принимаемая в срочном порядке

* question — насущный вопрос; вопрос, требующий безотлагательного решения

# V

**vague**

to be * on a point — высказываться неопределенно, уклончиво

* provisions — расплывчатые положения

* term — неточный термин

* resemblance — отдаленное сходство

**valid**

* ballot paper — действительный избирательный бюллетень

* argument — убедительный, обоснованный довод

* position — правомерная позиция

* reason — веская причина

**validity** — действительность, действенность, юридическая сила; обоснованность, вескость

to impeach the * of a treaty — оспаривать действительность договора

| | |
|---|---|
| value-judgments | оценочные суждения, субъективные точки зрения |
| **variance** | |
| to be at * with smb. on... | расходиться во мнениях с кем-либо по... |
| to be at * with smth. | не согласовываться, идти вразрез с чем-либо |
| to set at * | вызывать конфликт, ссорить |
| States at * | государства, между которыми существует спор (конфликт, разногласия) |
| **verbal** | |
| * arrangement (understanding) | устная договоренность |
| * copy | точная копия (документа) |
| **verbatim record** | стенографический отчет (см. record) |
| **version** | |
| revised * | пересмотренный вариант |
| * of a document | текст, вариант документа |
| the French * of a treaty | текст договора на французском языке |
| **veto** | |
| the power of * | право вето (см. voting in the SC) |
| to * (to impose * on) a draft resolution | наложить вето на проект резолюции |
| **vexed** | |
| * question (point) | спорный, вызывающий разногласия, острый вопрос |

**Vice - President**     заместитель Председателя (в Главных органах ООН, на конференциях)

**Vice - Chairman**     заместитель Председателя (в комитетах и вспомогательных органах)

**violent**

\* language     резкие выражения, формулировки; несдержанный тон

\* abuse     яростные нападки

\* controversy     ожесточенный спор

in \* contrast     в резком (вопиющем) противоречии

**virtue**

by (in) \* of an agreement     в силу (на основании) соглашения

**voice**

to \* one's support for smth.     выступить в поддержку чего-либо

to \* one's protest, sentiment     выражать протест, мнение (чувства)

to \* the opposition     быть рупором оппозиции

to raise one's \* for (against)     высказываться за (против)

to give \* to smth.     выразить (высказать) что-либо

to have no \* in the matter     не оказывать влияния на решение вопроса

equal \*     одинаковая весомость голоса

ILO is unique among world organizations in that the workers' and employers' representatives have an equal voice with those of Governments.

МОТ является уникальной всемирной организацией в том отношении, что представители трудящихся и предпринимателей обладают равным количеством голосов с представителями правительств

## void (null and void)

недействительный, изначально недействительный, ничтожный (о договоре)

A treaty is void if, for instance, its conclusion has been procured by the threat or use of force, or, if at the time of its conclusion, it conflicts with a peremptory norm of general international law. If a new peremptory norm of general international law emerges, any existing treaty which is in conflict with that norm becomes void and terminates.

Договор является ничтожным (изначально недействительным), если, например, его заключение явилось результатом угрозы силой или ее применения, или если в момент заключения он противоречит императивной норме общего международного права. Если возникает новая императивная норма общего международного права, то любой существующий договор, который оказывается в противоречии с этой нормой, становится недействительным и прекращается.

## vote

to take a * on a draft

провести голосование по проекту, проголосовать проект

to put to the *

поставить на голосование

to proceed to a *

приступить к голосованию

to cast one's * for (against)

проголосовать за (против)

to tell (to count) *s

подсчитывать голоса, производить подсчет голосов

to explain one's *

выступить по мотивам голосования (см. explanation)

* of confidence (on non-confidence)

вотум доверия (недоверия)

| | |
|---|---|
| to * in the affirmative (in the negative) | проголосовать за (против) |
| to be * ed into a committee (the chair) | быть избранным членом комитета (председателем) |
| to * appropriations | утвердить ассигнования |
| to * down a proposal | отвергнуть предложение |

**voting**

In the GA decisions on important questions are made by a two-thirds majority of the members present and voting. Decisions on amendments to proposals relating to important questions, and on parts of such proposals put to the vote separately, are also made by a two-thirds majority. Decisions on other questions, including the determination of additional categories of questions to be decided by a two-thirds majority, are made by a majority of the members present and voting. For the purposes of the rules of procedure the phrase "members present and voting" means members casting an affirmative or negative vote. Members which abstain from voting are considered as not voting. The President, or a Vice-President acting as President, does not vote but designates another member of his delegation to vote in his place.

In the ECOSOC, in the Main Committees and subsidiary organs decisions are made by a majority of the members present and voting. In the ICJ all questions are decided by a majority of the judges present.

В ГА решения по важным вопросам принимаются большинством в две трети присутствующих и участвующих в голосовании членов Ассамблеи (см. important questions). Решения по поправкам к предложениям, касающимся важных вопросов, также принимаются большинством в две трети голосов. Решения по другим вопросам, включая определение дополнительных категорий вопросов, которые подлежат решению большинством в две трети голосов, принимаются простым большинством присутствующих и участвующих в голосовании членов. Используемое в правилах процедуры выражение "присутствующие и участвующие в голосовании члены" относится к членам, голосующим "за" или "против". Члены Организации, которые воздерживаются от голосования, рассматриваются как не участвующие в голосовании. Председатель или заместитель Председателя, исполняющий обязанности Председателя, не участвует в голосовании, а поручает другому члену своей делегации голосовать вместо него.

В ЭКОСОС, в Главных комитетах и вспомогательных органах решения принимаются простым большинством присутствующих и участвующих в голосовании членов. В МС все вопросы решаются большинством голосов присутствующих судей.

## voting in the Security Council

Decisions of the SC on substantive matters are made by an affirmative votes of nine members including the concurring vote of the five permanent members. This is the so-called rule of "great Power unanimity" often referred to as the "veto" power. There are two exceptions to this rule of voting. First, decisions of the Council on procedural matters are made by an affirmative vote of any nine members and, second, when a member is a party to a dispute which the SC is investigating that member must obstain from voting. Besides if a permanent member does not support a decision but does not wish to block it through a veto, it may abstain.

Решения СБ по вопросам существа считаются принятыми, когда за них поданы голоса девяти членов, включая совпадающие голоса всех пяти постоянных членов. Это так называемое правило "единогласия великих держав", часто именуемое правом "вето". Существует два исключения из этого правила голосования. Во-первых, решения Совета по вопросам процедуры считаются принятыми, когда за них поданы голоса любых девяти членов, и, во-вторых, если член Совета является стороной, участвующей в споре, который рассматривается СБ, этот член должен воздерживаться от голосования. Кроме того, если какой-либо из постоянных членов не поддерживает то или иное решение, но не хочет блокировать его принятие путем использования права вето, он может воздержаться при голосовании.

## voting on proposals and draft resolutions

If two or more proposals relate to the same question, the GA (a Council, a committee) shall, unless it decides otherwise, vote on the proposals in the order in which they have been submitted. The GA may, after each vote on a proposal, decide whether to vote on the next proposal. No secret ballot is taken on proposals and draft resolutions.

## голосование по предложениям и проектам резолюций

Если два или более предложений относятся к одному и тому же вопросу, то ГА (Совет, комитет), если не будет принято иного решения, проводит голосование по предложениям в том порядке, в котором они были внесены. ГА после каждого голосования по одному предложению может решить, будет ли она проводить голосование по следующему. По предложениям и проектам резолюций тайное голосование не проводится. (голосование по поправкам см. amendment)

## *equally divided votes (a tie in the vote)* — разделение голосов поровну

If a vote is equally divided in the GA on matters other than elections, a second vote is taken at a subsequent meeting which should be held within forty-eight hours of the first vote. If this vote also results in equality, the proposal is regarded as rejected.

Если в ГА по какому-либо вопросу, помимо выборов, голоса разделяются поровну, то на одном из последующих заседаний, которое должно состояться в течение сорока восьми часов после первого голосования, проводится второе голосование. Если в результате этого голосования голоса опять разделяются поровну, то предложение считается отклоненным. (см. также election)

In the ECOSOC, in the Main Committees and in subsidiary organs if a vote is equally divided on matters other than elections, the proposal is regarded as rejected. No second vote is taken. In the ICJ in the event of an equality of votes, the President or the judge who acts in his place has a casting vote.

В ЭКОСОС, в Главных комитетах и вспомогательных органах если по какому-либо вопросу, помимо выборов, голоса разделяются поровну, то предложение считается отклоненным. Повторное голосование не проводится. В МС в случае разделения голосов поровну, голос Председателя или замещающего его судьи дает перевес.

## *conduct during voting* — порядок, соблюдаемый при голосовании

After the President has announced the beginning of voting, no representative may interrupt the voting except on a point of order in connection with the actual conduct of the voting.

После того как Председатель объявит о начале голосования, ни один представитель не может прерывать голосования, кроме как выступая по порядку ведения заседания в связи с проведением данного голосования.

## *method of voting* — формы голосования

| | |
|---|---|
| Voting is normally taken by show of hands or by standing, but any representative may move a roll-call vote. This motion is not debatable and is not voted upon. The roll-call is taken in the English alphabetical order of the names of the members, beginning with the member whose name is drawn by lot by the President. The name of each Member shall be called in any roll-call, and one of its representatives shall reply "yes", "no" or "abstention". The result of the voting is inserted in the record in the English alphabetical order of the names of the members. | Голосование обычно проводится поднятием рук или вставанием; однако любой представитель может предложить провести поименное голосование. Такое предложение не осуждается и не ставится на голосование. Поименное голосование проводится в английском алфавитном порядке названий членов Организации, начиная с члена Организации, определяемого Председателем по жребию. При поименном голосовании вызывается каждый член Организации, и один из его представителей отвечает "да", или "нет" или "воздерживаюсь". Результаты голосования заносятся в отчет заседания в английском алфавитном порядке названий членов Организации. |
| When vote is taken by means of electronic devices a non-recorded vote shall replace a vote by show of hands or by standing and a recorded vote shall replace a roll-call vote. Any representative may request a recorded vote. In the case of a recorded vote, the GA dispenses with the procedure of calling out the names of the members; nevertheless, the result of the voting is inserted in the record in the same manner as that of a roll-call vote. | Когда голосование проводится с помощью электронного оборудования, голосование поднятием рук или вставанием с мест заменяется голосованием, не заносимым в отчет заседания, а поименное голосование заменяется голосованием, заносимым в отчет заседания. Любой представитель может потребовать, чтобы результаты голосования были занесены в отчет заседания. Если проводится голосование, которое заносится в отчет заседания, ГА не прибегает к порядку поименного вызова членов; тем не менее результаты голосования заносятся в отчет заседания в том же порядке, что и при поименном голосовании. |
| *separate vote (division of proposals and amendments)* | раздельное голосование (по предложениям и поправкам) |

In the GA a representative may move that parts of a proposal or of an amendment should be voted on separately. If objection is made to the request for division, the motion for division is to be voted upon. Permission to speak on the motion for division is given only to two speakers in favour and two speakers against. If the motion for division is carried, those parts of the proposal or of the amendment which are approved are then put to the vote as a whole. If all operative parts of the proposal or of the amendment have been rejected, the proposal or the amendment is considered to have been rejected as whole.

В ГА любой представитель может предложить, чтобы по отдельным частям предложения или поправки проводилось раздельное голосование. В случае возражений против требования о раздельном голосовании это требование ставится на голосование. Разрешение высказаться относительно требования о раздельном голосовании предоставляется только двум ораторам, поддерживающим его, и двум ораторам, возражающим против него. В случае принятия требования о раздельном голосовании принятые части предложения или поправки ставятся затем на голосование в целом. Если все постановляющие части предложения или поправки отклоняются, то предложение или поправка считаются отклоненными в целом.

In the SC parts of a motion or of a draft resolution shall be voted on separately at the request of any representative, unless the original mover objects.

В СБ части предложения или проекта резолюции ставятся на раздельное голосование по просьбе любого представителя, если автор соответствующего предложения или проекта резолюции против этого не возражает.

# W

**waive**

to * one's right of reply — отказаться от права на ответ

to * a rule of procedure — не прибегать к какому-либо правилу процедуры

to * an objection — снять возражение

to * a demand — не настаивать на требовании

**wander**

to * from a subject — отклониться (отойти) от темы

**weight**

| | |
|---|---|
| to give * to smth. | придавать значение; признавать важность (силу) чего-либо |
| an argument (a matter) of great * | очень важный довод (вопрос) |
| considerations of no * | соображения, не заслуживающие внимания |
| to carry * | пользоваться вниманием (авторитетом); обладать весомостью |

**weighty**

| | |
|---|---|
| * reason | веская (важная) причина |
| * argument | убедительный (веский) довод |
| * problem | трудноразрешимая (сложная и важная) проблема |

**well-founded (-grounded)**

| | |
|---|---|
| * belief | обоснованное убеждение |
| * statement | аргументированное заявление |

**well-informed**

| | |
|---|---|
| from * sources | из надежных источников |

**well-judged**

| | |
|---|---|
| * reply | удачный (продуманный) ответ |

| | |
|---|---|
| * action | своевременный шаг |
| **whereas** | учитывая, принимая во внимание (в преамбулах конвенций, официальных документов) |
| the *es | декларативная часть, преамбула (конвенции, договора) |

**wide**

| | |
|---|---|
| * area of agreement | широкий круг вопросов, по которым достигнуто согласие |
| * differences | глубокие расхождения |
| * off the mark | в корне ошибочный, неуместный, неправильный (об ответе, замечании и т.д.) |
| to differ *ly in opinions | резко расходиться во взглядах |
| *ly accepted | получивший широкое признание |

**withdraw**

| | |
|---|---|
| to * an amendment, a reservation | снять поправку, оговорку |
| to * a paragraph from the draft resolution | исключить пункт из проекта резолюции |
| to * an offer, an accusation | взять обратно предложение, обвинение |
| the Court withdrew to consider the judgement | для обсуждения решения Суд удалился на совещание |

**withdrawal of motions**

A motion may be withdrawn by its proposer at any time before voting on it has commenced, provided that the motion has not been amended. A motion thus withdrawn may be reintroduced by any member. In the SC, if the motion or draft resolution has been seconded, the representative who seconded it may require that it be put to the vote as his motion or draft resolution with the same right of precedence as if the original mover had not withdrawn it.

Представитель, внесший предложение, может в любое время взять его обратно до того, как по нему началось голосование, при условии, что к этому предложению не было внесено поправок. Снятое таким образом предложение может быть вновь внесено любым членом Организации. В СБ, если предложение или проект резолюции были поддержаны, то представитель в СБ, поддержавший их, может потребовать, чтобы они были поставлены на голосование как его собственное предложение или проект резолюции с тем же правом очередности, как если бы их автор не снимал их.

*wihdrawal from treaties*

выход из международных договоров

As a rule one speaks about cancellation or dissolution of a bilateral treaty and about withdrawal from multilateral treaties and conventions. Withdrawal from treaties is regulated by the same provisions as those relating to denunciation. The right of a party to withdraw from a treaty may be exercised only with respect to the whole treaty unless the treaty otherwise provides or the parties otherwise agree.

Как правило говорят об аннулировании или расторжении двустороннего договора и об выходе из многосторонних договоров и конвенций. Выход из договора регулируется теми же положениями, которые применяются к денонсации (см. denunciation). Право участника договора выйти из него может быть осуществлено только в отношении всего договора, если только договор не предусматривает иного или если его участники не условились об ином.

**withhold**

to * comments

воздерживаться от комментариев

to * information

утаивать сведения

**witness**

to bear * (of,to)

быть свидетельством (чего-либо), доказывать (что-либо)

"In witness (faith) whereof the undersigned Plenipotentiaries, being duly authorized by their Goverments, have signed the Present Convention"

"В удостоверение чего нижеподписавшиеся представители, должным образом уполномоченные соответствующими правительствами, подписали настоящую Конвенцию" (заключительные слова международных договоров и конвенций)

**word**

| | |
|---|---|
| concluding *s | заключительное слово |
| by * of mouth | на словах, устно |
| to have the last * | оставить за собой последнее слово (в споре) |
| to be as good as one's * | сдержать слово |
| to eat (to swallow) one's *s | брать свои слова обратно, извиниться за сказанное |
| as originally *ed | в первоначальнай формулировке |
| *ing | формулировка |

При составлении настоящего глоссария-справочника использовались следующие документы и публикации:

Charter of the United Nations and Statute of the International Court of Justice; Rules of Procedure of the General Assembly, of the Economic and Social Council, of the Trusteeship Council, Provisional Rules of Procedure of the Security Council; Viena Convention on the Law of Treaties; Reports of the International Law Comission; Basic Facts about the United Nations (UN Publication, Sales No.E.90.1.2); Международные организации системы ООН (Издательство "Международные отношения", Москва, 1980); Новый Большой англо-русский словарь (Москва, "Русский язык", 1993).

## Сокращения.

GA - General Assembly    ГА - Генеральная Ассамблея

SC - Security Council    СБ - Совет Безопасности

ECOSOC - Economic and Social Council    ЭКОСОС - Экономический и Социальный Совет

ICJ - International Court of Justice    МС - Международный Суд

Сокращения, касающиеся специализированных учреждений ООН, см. словарную статью specialized agencies.

Санников Н.Г.

**АНГЛО-РУССКИЙ ГЛОССАРИЙ-СПРАВОЧНИК**

по процедурной терминологии
и праву международных договоров

ЛР № 070512
Подписано в печать 8.04.96
Формат 84х108/32. Бумага книжн.-журн.
Печать офсет. Усл. п. л. 10,08. Тираж 10000. Заказ 488

Издательство «Остожье». 119034, Москва, ул. Остоженка, д. 4

Отпечатано в типографии издательства «Дом печати»
432601, г. Ульяновск, ул. Гончарова, 14

Факультет повышения квалификации переводчиков Московского государственного лингвистического университета уже около 20 лет проводит подготовку слушателей по следующим специальностям: переводчик-синхронист, устный переводчик, переводчик-референт, переводчик финансово-экономической и юридической литературы по языкам: английский, испанский, итальянский, немецкий, французский. Возможно изучение второго иностранного языка и информатики. Срок обучения 1, 2 и 3 года. По окончании - диплом. Форма обучения - очная (с отрывом или без отрыва от производства), с соответствующей записью в трудовой книжке.

Начало занятий 1 сентября. Обучение платное. Форма - договорная.

Наш адрес: 119800, Москва. ул. Остоженка 38, комн. 129, тел. 245-28-15, факс 246-83-66.

## ДЛЯ ЗАМЕТОК

# ДЛЯ ЗАМЕТОК

## ДЛЯ ЗАМЕТОК